Christine Rickhoff



# DU BIST 100% RICHTIG!

## Das Buch für JEDES Mädchen

Mit Illustrationen von Miriam Cordes

arsEdition

# INHALT



Für Lotta!
Danke, dass in deiner kleinen Rakete immer Platz für mich, meine Fragen, meine Ratschläge und unsere wunderbaren Stars-Hollow-Abende ist!

# EIN BUCH NUR FÜR MÄDCHEN? NÖ!

Wenn du kein Mädchen bist und dieses Buch trotzdem lesen möchtest, dann lies es bitte unbedingt! Die Zeiten, in denen Interessen, Themen und Dinge in »typisch Junge« oder »typisch Mädchen« eingeteilt wurden, sind zum Glück vorbei.

Natürlich gibt es trotzdem körperliche Unterschiede, die in diesem Buch auch benannt werden. Wir nutzen außerdem der Einfachheit halber überwiegend die weibliche Form der Ansprache. Aber in diesem Buch gibt es keine Schubladen, in die du passen musst. Ganz egal, wer du bist: Du bist haargenau richtig hier und darfst dich immer angesprochen fühlen.

# DU UND DIESE ZEIT

## Warum dein jetziges Alter so wichtig, anstrengend und wunderschön zugleich ist

### DIE SACHE MIT DEM GROSSWERDEN

Du kannst dir das Erwachsenwerden so ähnlich wie einen Raketenflug ins All vorstellen.

Du bist die Astronautin.

Und der Weg ins All, der ist ganz schön aufregend. Da wird man zwischendurch ordentlich hin und her geschleudert, es ruckelt gewaltig, alles passiert furchtbar schnell und man kann sich auch mal einsam fühlen in der eigenen kleinen Kapsel.

Aber ganz sicher wird dein Flug auch wunderschön, total lustig und megaspannend sein. Du wirst ganz viel lernen über dich, über die Welt, über die Menschen um dich herum und über deinen Körper. Vor allem wirst du eine Menge Spaß haben. Es gibt sehr gute Gründe, weshalb viele Erwachsene gerne noch mal so jung wie du wären – aber so jung ist man eben nur einmal. Da haben die Großen Pech!

DO IT!

Also dann. Bist du bereit für deinen Flug? Dann lass uns gemeinsam starten.

**MÄDCHEN SIND SCHNELLER ALS JUNGS**

Mädchen kommen normalerweise etwa zwei Jahre früher in die Pubertät als männliche Gleichaltrige. Deshalb kommen dir die Jungs in deiner Klasse in der nächsten Zeit vielleicht manchmal ein bisschen kindisch vor. Gib ihnen Zeit.

## PUBERTÄT – WAS IST DAS ÜBERHAUPT GENAU?

Pubertät nennt man die Lebensphase, in der Kinder erst jugendlich und dann erwachsen werden. Das Gehirn gibt dem Körper irgendwann zwischen deinem neunten und elften Lebensjahr den Startschuss, dass der große Umbau losgehen kann. Der Körper beginnt daraufhin, sich auf ganz unterschiedliche Art und Weise zu verändern. Was genau wann passiert, das kannst du ab Seite 8 nachlesen.

## WANN IST MAN DANN GANZ ERWACHSEN?

Laut Gesetz wirst du in Deutschland mit 18 volljährig, aber dein Körper ist zu diesem Zeitpunkt noch gar nicht richtig fertig mit dem Erwachsenwerden. Wann die Veränderungen genau abgeschlossen sind, das ist bei jedem Menschen anders. Forschungsteams haben herausgefunden, dass das Gehirn sogar erst mit über 30 so richtig fertig ausgereift ist. Deine Eltern sind also – wenn überhaupt – noch gar nicht mal soooo lange »richtig erwachsen«.

Dass Papa noch nicht so lange erwachsen ist, bemerkt man daran, dass …

Dass Mama noch nicht so lange erwachsen ist, bemerkt man daran, dass …

- [ ] 
- [ ] 
- [ ] 
- [ ] 
- [ ] 

# ACHTUNG, WICHTIGE UMBAUTEN!

Zweimal im Leben eines Menschen wird das Gehirn so richtig umgebaut. Das erste Mal passiert das in den ersten Lebensjahren. Denk mal dran, was du da alles gelernt hast … Als du auf die Welt kamst, konntest du nicht viel mehr als trinken, schreien und pupsen.

Was dann in den ersten drei Jahren passiert ist, hat deine Eltern sicher richtig zum Staunen gebracht. Irgendwann zwischen dem neunten und elften Lebensjahr geht oder ging dein Gehirn in Runde zwei der ganz großen Veränderungen. Zeit, noch mal zu staunen … Daran darf man Eltern ruhig ab und an erinnern, wenn sie genervt sind, anstatt sich über die Großbaustelle in deinem Gehirn zu freuen.

# ZURZEIT GESCHLOSSEN

Eigentlich wäre es nur fair, wenn du dir spätestens ab deinem elften Geburtstag ein riesiges Schild auf den Kopf kleben dürftest:

*Wegen Umbau geschlossen!*

Keine Matheaufgaben, keine Diskussionen, keine nervenden Fragen. Ja, das wäre fair. Aber auch irgendwie blöd, weil du genau jetzt superspannende Gedanken hast und dein Gehirn wie ein Supercomputer unglaublich leistungsfähig ist.

# WAS GENAU PASSIERT

Es gibt verschiedene Bereiche im Gehirn, die auch ganz unterschiedliche Aufgaben haben. Dazwischen gibt es Verbindungsbahnen, die deine Gedanken zwischen den Bereichen hin und her blitzen lassen können. Bisher haben sich diese Bereiche in deiner Kindheit größtenteils einfach immer weiterentwickelt.

Doch jetzt passiert etwas wirklich Interessantes: Dein Gehirn baut sich nach und nach quasi noch mal neu, bildet neue Verbindungen und zerstört alte Strukturen, die es nicht mehr braucht. Deine Gedanken müssen also ganz neue Wege erlernen und verlaufen sich ab und an in all dem Chaos. Das bemerkst du dann daran, dass du in solchen Momenten zum Beispiel grundlos wütend wirst, dich nicht mal selbst verstehst oder einfach nur heulen könntest, weil alles verwirrend und doof ist. Mach dir nicht zu große Sorgen! Das geht (oder ging) allen so in deinem Alter! Und es wird besser. Versprochen!

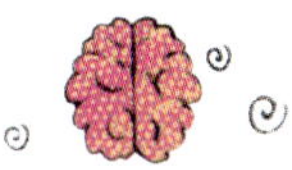

## GANZ LOGISCH, DASS DU GRAD NICHT SO LOGISCH BIST

Echt blöd: Der sogenannte »präfrontale Kortex« braucht in deinem Gehirn am längsten für seinen Umbau. Eigentlich ist der dafür da, dass wir uns vernünftig und logisch benehmen. Kein Wunder also, dass dir das gerade eher schwerfällt. Falls sich jemand beschwert: Es ist nicht deine Schuld!

**!!! SOS-TIPP, WENN SICH DEINE GEDANKEN MAL WIEDER IM CHAOS VERLAUFEN HABEN !!!**

Dein Atem ist so was wie der Chef deiner Gefühle. Wenn dir alles zu viel wird und du durchdrehen könntest, ist er deshalb deine Wunderwaffe. Wenn du ganz ruhig und langsam ein- und ausatmest, beruhigt sich dein Gehirn sofort. Denn wenn dein Atem »alles gut« sagt, glaubt der Rest des Körpers das. Verrückt, aber wahr!

Beschwerden bitte an den Bauleiter in meinem Hirn!

# WIE SICH DEIN KÖRPER VERÄNDERT

Was gerade in deinem Gehirn abgeht, ist unsichtbar. Doch auch das Äußere deines Körpers verändert sich zwischen dem neunten und sechzehnten Lebensjahr rasant.

## WAS PASSIERT WANN MIT MEINEM KÖRPER

Größe: Du wächst bis zu acht Zentimeter im Jahr … Zum Glück nur ein paar Jahre, sonst wärst du als Oma über fünf Meter hoch und müsstest in ein Giraffengehege umziehen, um bequem stehen zu können.

Haare: Auch Kinder haben überall am Körper Haare, aber an einigen Körperstellen werden sie bei Mädchen und Jungen in der Pubertät dunkler, länger und dicker. Bei Mädchen betrifft das vor allem die Achseln, die Beinhaare und den Bereich um die Scheide. Die Behaarung soll die Haut und ganz besonders empfindliche Körperstellen vor Kälte, Hitze, Sonnenlicht und Schädlingen schützen. Das war früher sehr wichtig, als es noch keine Kleidung, Sonnenschirme und Duschen gab.

**Brüste:** Die Brustdrüsen von Mädchen beginnen zwischen dem neunten und zwölften Lebensjahr zu wachsen. Das ziept und drückt manchmal ganz schön. AUTSCHI! In dieser Zeit kann ein Bustier oder ein BH helfen, die empfindliche Brust vor unangenehmer Reibung an der Kleidung zu schützen. Ob du dich erst einmal selbst ganz in Ruhe an deine neuen Rundungen gewöhnen willst und deshalb gerne weite Kleidung trägst oder direkt in engen Tops zeigen möchtest, wie sich dein Körper verändert, das ist ganz allein deine Entscheidung. Lass dir da bloß nicht reinreden!

**Hüfte:** Bei Mädchen wird in der Pubertät die Hüfte breiter und es bilden sich mehr Fettreserven an Oberschenkeln, Hüfte und Po. Das macht der weibliche Körper, um sich durch den optimalen Körperbau und ein paar Energiereserven für später schon mal vorsorglich auf eine mögliche Schwangerschaft vorzubereiten. Ganz schön krass, wie klug dein Körper ist und wie weit er schon vorausdenkt, oder?

**Haut:** Deine Hormone sorgen dafür, dass die Talgdrüsen deiner Haut jetzt mehr Talg absondern. Talg ist ein Hautfett, das dich zum Beispiel vor trockener Luft und Krankheitserregern schützt. Bis die Talgdrüsen gelernt haben, ganz genau die richtige Menge Talg abzugeben, reagiert vor allem die Gesichtshaut erst einmal irritiert, und es können Pickel und Unreinheiten entstehen.

# HILFEEEEE, EIN PUBERTIER

### Warum deine Eltern vielleicht ein bisschen Angst haben vor der Pubertät

Es ist ganz normal, dass du jetzt häufiger Streit oder Unstimmigkeiten mit deinen Eltern hast als früher. Das liegt daran, dass du mehr selbst entscheiden willst und eine stärkere eigene Meinung hast. Richtig so, schließlich bist du kein kleines Kind mehr!

Für deine Eltern ist es aber eine große Umstellung, dich mehr und mehr wie eine Erwachsene zu behandeln und dir von Anfang an zuzutrauen, gute und für dich sichere Entscheidungen zu treffen.

Schließlich wissen sie, dass Teenies wegen ihrer Umbauarbeiten im Gehirn teilweise besonders hohe Risiken eingehen, also manchmal echt gefährliche Sachen machen. Sie waren ja auch selbst mal Teenies. Da sie dich so lieb haben, macht ihnen das natürlich Angst. Hab ein bisschen Geduld mit ihnen und zeig ihnen, so gut es geht, dass sie dir vertrauen können. Dann werden sie bestimmt bald etwas lockerer.

**ÜBRIGENS:**

Auch Tiere kommen in die Pubertät und machen dann supergefährliche Sachen. Jugendliche Gazellen zum Beispiel rennen schon mal einfach auf einen hungrigen Löwen zu, anstatt schnell die Flucht anzutreten, was leider manchmal ganz schön schiefgeht. Das erzähl deinen Eltern aber vielleicht lieber nicht ... ;-)

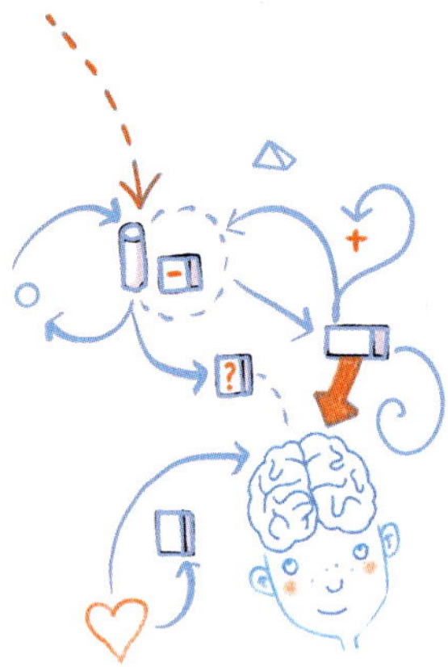

# ANTWORTEN, DIE HELFEN, WENN ERWACHSENE WIEDER MAL ÜBER DEINE PUBERTÄT STÖHNEN

»ohhhh, das ist bestimmt wieder diese Pubertät!«

Klar kann man bei dummen Bemerkungen über deine Lebensphase wütend abbrausen und die Tür knallen. Aber viel mehr Eindruck hinterlässt du bei den Großen, wenn du entspannt bleibst und mit Witz konterst:

Für Unschuldige:
»Mein Gehirn wird gerade renoviert. Ich darf das.«

Achtung, frech:
»Oh, oh! Wusstet ihr, dass jeder Kommentar über die Pubertät die Sache um ein Jahr verlängert?«

Einfach mal die Sache umdrehen:
»Also, ich muss echt mal Oma und Opa anrufen und fragen, wie DU das geschafft hast, ohne Pubertät groß zu werden ...«

Ist einfach so:
»Ich habe von euch gelernt, dass man für das, was einem wichtig ist, kämpfen soll. Diese Fähigkeit sollte man nicht unbedingt Pubertät nennen.«

Man könnte es ja auch mal locker nehmen:
»Entspannt euch und vertraut doch einfach mal auf euer Erziehungstalent.«

Im Grunde sitzen ja alle im selben Boot:
»Ich versteh euch. Ich hab´s auch nicht immer leicht mit mir.«

Ein bisschen Ablenkung ist nie verkehrt:
»Ja, kann sein. Aber wusstet ihr, dass Otter kleine Hauttaschen haben, in denen sie ihre Lieblingskieselsteine aufbewahren?«

BÄM:
»Beschwerden bitte an meine Eltern. Ich bin erst ... Jahre alt, also noch gar nicht haftbar.«

**Mal ein bisschen verhandeln:**
»Schokolade macht Pubertiere übrigens viiiiieeeeel netter, hab ich irgendwo gelesen!«

**Für Harmonieliebhaber:**
»Sind nur ein paar Jahre. Das schafft ihr schon!«

**Es gibt nur einen Fluchtweg aus der Pubertät:**
»Wenn ihr eine Zeitmaschine erfindet, können wir die nächsten Jahre überspringen. Wenn nicht, müssen wir da wohl jetzt alle irgendwie gemeinsam durch.«

**»KINDER MÜSSEN MIT ERWACHSENEN SEHR VIEL NACHSICHT HABEN.«**

Antoine de Saint-Exupéry
(französischer Schriftsteller und Pilot, berühmtestes Werk: »Der kleine Prinz«)

# DU UND DU

## wer bist du eigentlich (und vor allem wie viele??)?

So ganz genau wirst du die Frage »Wer bin ich?« niemals beantworten können. Jeder Mensch verändert sich im Laufe seines Lebens, deshalb ist jede Aussage über dich immer nur eine Momentaufnahme. Außerdem muss nicht alles stimmen, was andere über dich sagen und denken.

Wenn du zum Beispiel halbordentlich bist, würde eine superordentliche Freundin dich als unordentlich beschreiben. Eine komplett chaotische Freundin fände dich wiederum total ordentlich.

Und du selbst? Nein, nicht einmal du selbst kannst dich immer richtig einschätzen. Das kann niemand. Es kommt zum Beispiel auf deine Erziehung, deine momentane Laune und auf deine Erfahrungen an, wie du dich selbst gerade siehst.

### »WER SAGT EINEM DANN, WER MAN WIRKLICH IST?«

Das Spannende am Leben ist, dass man in jedem Moment neu entscheiden, ausprobieren und herausfinden kann, wer man ist und wer man sein will. Du wirst jeden Tag neue Informationen darüber sammeln, was du selbst über dich fühlst, was andere für dich empfinden oder was sie in dir sehen. Selbst mit 99 wirst du noch nicht ganz fertig damit sein, dich selbst zu erforschen …

irgendwie beruhigend, oder?

YES!

# PERSÖNLICHKEITSTEST

## WAS IST EINE PERSÖNLICHKEIT?

Persönlichkeit nennt man die einzigartige Mischung aller Charaktereigenschaften einer Person.

## WAS IST EIN PERSÖNLICHKEITSTEST?

Viele kluge Menschen haben sich Gedanken darüber gemacht, wie man möglichst unabhängig von der Meinung anderer Menschen und auch unabhängig von der Meinung, die man über sich selbst hat, etwas über die eigene Persönlichkeit herauskriegen kann. Es gibt richtig viele Tests, die man zu diesem Thema machen kann.

Der berühmte Wissenschaftler Carl Gustav Jung war zum Beispiel der Meinung, dass es 16 verschiedene Persönlichkeitstypen gibt. Mit einem Test kann man herausfinden, zu welchem Typ man gehört. Eigentlich muss man dafür seeeehhhhr viele Fragen beantworten. Wenn man die Sache aber nicht ganz so genau nehmen will, kann man es auch mit vier Fragen versuchen ...

## DER EINFACHSTE PERSÖNLICHKEITSTEST DER WELT

Und so geht's: Je nachdem, welche der beiden Antworten eher auf dich zutrifft, sammelst du die dahinter abgebildeten Buchstaben. Deine ganz persönliche Buchstabenmischung findest du in der Testauswertung wieder, und schon weißt du, welcher Persönlichkeitstyp du vermutlich bist. Bereit? Dann los!

### 1. Stell dir vor, du stehst mit deinen besten Freundinnen und Freunden zusammen und unterhältst dich. Wie verhältst du dich in der Gruppe?

☐ a) Ich bin eher ruhiger und höre vor allem zu, weil ich nicht so gerne im Mittelpunkt stehe. (I)

☐ b) Ich bin eher eine von den Lauteren, die viel reden und lachen. Ich habe normalerweise kein Problem damit, wenn die anderen mich alle ansehen. (E)

### 2. Es kommt ein neues Mädchen in die Klasse und wird neben dich gesetzt. Wie findest du heraus, ob ihr Freundinnen werden könntet?

☐ a) Ich weiß sehr schnell, ob ich jemanden gerne mag oder nicht so sehr. Das ist dann einfach so ein Gefühl, und meistens habe ich recht damit. (N)

☐ b) Da wir uns ja noch gar nicht kennen, stelle ich viele Fragen und brauche erst einmal ein bisschen Zeit mit ihr, um das herauszufinden. (S)

### 3. Deine Eltern erlauben dir endlich, einen Hund zu halten. Wie entscheidest du, welche Rasse du möchtest?

☐ a) Ich informiere mich genau, welche Rasse welche Eigenschaften hat und wie viel Auslauf die verschiedenen Hunde benötigen. Es ist mir wichtig, dass ich gut Bescheid weiß, ehe ich etwas entscheide. (T)

☐ b) Ganz klar: Ich nehme den Allersüßesten. Der wird dann schon irgendwie zu mir passen, da mache ich mir keine Sorgen. (F)

### 4. Wenn du dein Zimmer tipptopp aufräumen musst (weil zum Beispiel morgen deine superordentliche Tante zu Besuch kommt), wie gehst du vor?

☐ a) Auch wenn ich keinen Bock habe, wird das relativ schnell gehen, weil ich ziemlich genau weiß, wo was in meinem Zimmer hingehört. (J)

☐ b) Au Backe, das wird anstrengend. Überall Chaos und ich weiß gar nicht, wo ich anfangen soll. Das wird dauern … also erst mal Musik an und dann leg ich los. Also gleich irgendwann. (P)

# AUSWERTUNG

**INFJ – die weise Eule:** Obwohl du eine starke Meinung hast, bist du ein eher ruhigerer Mensch. Deine Freundinnen und Freunde lieben an dir deine warmherzige und freundliche Art. Wie eine weise Eule gibst du sehr kluge Ratschläge, wenn man dich darum bittet, und bist eine hervorragende Trösterin und Unterstützerin in der Not! *Typischer Satz:* »Keine Angst, ich rette dich!«

**INFP – der freundliche Delfin:** Du bist hilfsbereit, mitfühlend und eigentlich immer freundlich. Deine Freundinnen und Freunde können sich glücklich schätzen, dich zu haben, denn du versuchst, alle um dich herum glücklich zu machen. Du hörst gerne zu, hast aber auch ein großes Talent, mit schönen Worten auszudrücken, was du denkst. Viele Delfinpersönlichkeiten sind deshalb Autoren oder Dichter. *Typischer Satz:* »Es würde mich sehr freuen, wenn ich dir helfen kann.«

**ENFJ – die überzeugende Wölfin:** Du bist nicht nur irgendeine Wölfin, du bist ganz sicher die Rudelführerin. Du kannst Menschen sofort von dir und deinen tollen Ideen begeistern und hast eine beneidenswerte Ausstrahlung. Mit einer Freundin wie dir kann nichts schiefgehen, denn du kannst dich gut in andere hineinversetzen, wirst immer für alle sorgen und beschützt dein Rudel hervorragend. Ehrensache! *Typischer Satz:* »Leute, macht euch keine Sorgen, wir schaffen das!«

**ENFP – der fröhliche Schmetterling:** Du fliegst wie ein bunter Schmetterling durch die Welt und machst das Leben deiner Mitmenschen fröhlicher, lustiger und interessanter. Mit dir wird deinen Freundinnen und Freunden ganz sicher niemals langweilig, und du findest immer einen Grund zu lächeln. Dir ist besonders wichtig, dass du die Freiheit hast, so zu sein, wie du möchtest. *Typischer Satz:* »Das Leben ist einfach nur großartig!«

**INTJ – die kluge Katze:** Du gehörst zu den eher ruhigeren Menschen, insgeheim hast du aber wie eine kluge Katze immer einen perfekten Plan im Kopf. Dein großes Herz und dein scharfer Verstand machen dich zu einer fantastischen Ratgeberin. Bestimmt finden deine Freundinnen und Freunde, dass man sich hundertprozentig auf dich verlassen kann, und lieben deine kreativen Einfälle. *Typischer Satz:* »Warte, ich hab da noch so eine Idee ...!«

**INTP – das fleißige Eichhörnchen:** Wie Eichhörnchen den ganzen Herbst über fleißig nach Nüssen suchen, suchst du immer nach neuen Ideen und Informationen über die Welt. Wenn du dich für etwas interessierst, dann willst du ALLES darüber wissen. Deine Freundinnen und Freunde lieben deine besonnene Art und deine tollen Einfälle. Auch wenn du eher ein ruhigerer Charakter bist, solltest du deine klugen Gedanken unbedingt teilen, denn sie bereichern die Menschen um dich herum! *Typischer Satz:* »Das MUSS ich genauer wissen!«

**ENTJ – die königliche Löwin:** Aufgepasst, die Königin des Tierreichs ist im Anmarsch! Du bist von Geburt an eine wahre Anführerin und weißt haargenau, was du willst. Du schaffst es mühelos, die Menschen in deiner Umgebung von deiner Meinung zu überzeugen, und findest immer einen Weg, wenn du dir etwas in den Kopf gesetzt hast. Nutze diese Fähigkeit, um die Welt zu verbessern! Du wärst eine hervorragende Aktivistin! *Typischer Satz:* »Weil ich weiß, dass ich recht habe!«

**ENTP – die starke Eisbärin:** Nein, du bist kein Kuscheltier, du bist eine echte Eisbärin. Du verbiegst dich nicht, um anderen zu gefallen, und bist stark genug, um auch kalten Polarwind auszuhalten. Du sagst, was du denkst, auch wenn die anderen nicht deiner Meinung sind. Eisbärinnen kommen gut allein zurecht, können aber auch richtig nett und kuschelig sein, wenn sie jemanden mögen. Und dieser Jemand kann sich dann sehr glücklich schätzen, denn wer eine Eisbärin als Freundin hat, der braucht sich wirklich vor nichts und niemandem zu fürchten. *Typischer Satz:* »Das ist eben meine Meinung. Punkt.«

**ISTJ – das zuverlässige Pony:** Yeah, für deine Persönlichkeit steht eines der beliebtesten Tiere der Welt! Warum? Weil du ein superzuverlässiger Mensch bist, der bereit ist, alles zu geben, damit Aufgaben klappen und es deinen Freundinnen und Freunden gut geht. Am wohlsten fühlst du dich, wenn du Dinge tust und Menschen siehst, die du schon kennst, und ungefähr weißt, was auf dich zukommt. Doch auch wenn es mal schwierig wird und um dich herum schon alle durchdrehen, bleibst du meist sachlich, cool und lässt dich nicht leicht aus der Ruhe bringen. Auf dich kann man wirklich zählen! *Typischer Satz:* »Wenn ich mir etwas vornehme, dann zieh ich es auch durch!«

**ISFJ – die treue Schäferhündin:** Oha, du bist ein sehr interessanter Charakter! Normalerweise bist du sehr lieb und sanftmütig, aber wenn es darum geht, deine Familie oder deine Freundinnen und Freunde zu beschützen, kannst du wie eine gute Schäferhündin auch mal ein wenig bissig werden. Man kennt dich als freundliche, gütige und verständnisvolle Person. Ganz besonders an dir ist deine Fähigkeit, sehr zufrieden zu sein. Du kannst dich glücklich schätzen, denn du vereinst wirklich wunderbare Eigenschaften in dir. *Typischer Satz:* »Kein Ding. Das hab ich doch gerne gemacht!«

**ESTJ – das emsige Bienchen:** Bienen sind richtig coole Tiere! Sie sind total gut organisiert und haben alles im Griff, so wie du! Deine Freundinnen und Freunde mögen an dir besonders deine ehrliche Art und wie gut man sich auf das verlassen kann, was du versprichst. Mit niemandem macht man lieber eine Teamarbeit in der Schule als mit dir, denn mit dir im Team ist einem die Eins schon fast sicher! *Typischer Satz:* »Das kann ich gerne übernehmen.«

**ESFJ – die fürsorgliche Pinguindame:** Du bist eine richtige Teamplayerin und wärst in einem riesigen Pinguinvolk haargenau richtig. Nichts liebst du mehr, als Gutes zu tun und für das Glück deiner Mitmenschen zu sorgen. Das lässt du dich richtig viel Kraft kosten, brauchst aber ab und an ein Lob oder zumindest ein ehrliches »Danke« als Lohn. Daraus ziehst du auch dein eigenes Glück. *Typischer Satz:* »Hab ich das gut gemacht?«

**ISTP – das beschäftigte Erdmännchen-Mädchen:** Du bist immer in Bewegung und hast einen inneren Drang, alles verstehen zu wollen. Das macht dich zu einem superaktiven Energiebündel. Unter Menschen bist du eher zurückhaltend und beobachtest die Situation erst mal. Deine Freundinnen und Freunde lieben deinen Tatendrang, gelangweiltes Rumgammeln kann einem mit dir zum Glück nicht passieren.
*Typischer Satz:* »Yo, lass uns das mal machen!«

**ISFP – die vielseitige Chamäleondame:** Du bist ein sehr spannender Charakter, denn deine spontane und abenteuerlustige Art macht dich für andere manchmal unberechenbar. Wie ein Chamäleon kannst du mal so und mal so sein, dich kann man einfach in keine Schublade stecken. Manchmal verwirrt dich das selbst, aber sei lieber stolz auf deinen vielseitigen Charakter. Deine Freundinnen und Freunde finden es sicher cool, dass sie jeden Tag neue Seiten an dir kennenlernen dürfen. Es ist kein Zufall, dass viele Künstlerinnen und Künstler Chamäleonpersönlichkeiten sind. *Typischer Satz:* »Was ich morgen vorhabe, weiß ich doch heute noch nicht!«

**ESTP – die abenteuerlustige Füchsin:** Du bist klug, energiegeladen und scharfsinnig wie eine Füchsin. Mit deinem frechen Charme kannst du die Menschen um dich herum hervorragend unterhalten und wirst deshalb von vielen Menschen sehr gemocht. Du lebst ganz im Hier und Jetzt und kommst eigentlich mit jedem gut aus. Deinen Mitmenschen verzeihst du fast alles und bist eine vielseitige Freundin, mit der man ganz viel Spaß haben kann. *Typischer Satz:* »Hat jemand Abenteuer gesagt? Ich kommeeeeeee!«

**ESFP – das freche Äffchen:** Du bist die Königin der frechen Sprüche und Witze. Die ganze Welt ist für dich eine große Bühne, und du hast das Talent, aus jedem normalen Tag eine fette Party zu machen. Deine Freundinnen und Freunde lieben deine Begeisterungsfähigkeit und deine bezaubernde, neugierige Art. Obwohl du gerne im Rampenlicht stehst, bist du aufmerksam und respektierst die Gefühle anderer Menschen. Pflichten und Aufgaben sind dir dafür nicht ganz so wichtig … *Typischer Satz:* »Ups, ich hatte Hausaufgaben auf??? Egaaaaaal!«

**GEHEIMTIPP:**

Wenn du dir bei einer Antwort nicht ganz sicher bist, lies mal beide Auswertungen. In einer der beiden findest du dich bestimmt besser wieder als in der anderen …

# KANN MAN SEINE EIGENE PERSÖNLICHKEIT EIGENTLICH VERÄNDERN?

Eine schwierige Frage. Ja, man kann sie verändern. Und ja, es macht auch Sinn, sich im Leben weiterzuentwickeln und dazuzulernen. Aber (und das ist der wirklich allerwichtigste Satz in diesem Buch):

DU BIST LIEBENSWERT, GANZ EGAL, WIE DU BIST!

Dein Wert hängt nicht davon ab, ob du besonders lieb, ordentlich, freundlich, intelligent, hübsch, verrückt oder sonst wie bist. Du bist von Geburt an und unabhängig von deiner Herkunftsfamilie liebenswert. Einfach so. Ohne Wenn und ohne Aber.

# WAS MACHE ICH, WENN MICH ANDERE VERÄNDERN WOLLEN?

Keiner mag es besonders gerne, wenn andere Menschen einen verändern wollen. Aber es ist immer wichtig, genauer hinzusehen, WARUM der andere das will. Wenn beispielsweise deine Eltern, Lehrerinnen oder Lehrer möchten, dass du dich mehr für deine Mathe-Hausaufgaben interessierst als für dein Handy, dann könnte das gut gemeinte Gründe haben. Wahrscheinlich wünschen sie dir, dass du es leichter hast in der Schule oder später im Leben.

Es kommt also immer auch ein bisschen darauf an, warum jemand nicht mit deinem Handeln einverstanden ist.

Fast genauso wichtig ist es, WIE der andere dir sagt, dass du in seinen Augen etwas verändern solltest oder könntest. Man kann zwischen guter und schlechter Kritik unterscheiden.

Gute Kritik sagt immer nur aus, dass jemand etwas nicht mag, was du machst. Das ist okay. Über gute Kritik könntest du zumindest mal kurz nachdenken, vielleicht ist ja etwas dran und du kannst etwas Wichtiges fürs Leben lernen.

Schlechte Kritik dagegen klingt so, als ob jemand dich als Person falsch findet. Solche Kritik kann richtig verletzend sein. Am besten nimmst du dir diese Kritik nicht zu sehr zu Herzen.

| GUTE KRITIK | SCHLECHTE KRITIK |
|---|---|
| »Es nervt mich, wenn du unpünktlich bist.« | »Du nervst voll, weil du unpünktlich bist!« |
| »Ich mag es nicht, wenn du mich anschreist.« | »Du bist so eine Keiftante!« |
| »Bitte lass deine Laune nicht an mir aus!« | »Was bist du bloß für eine blöde Zicke!« |

## WARUM ES SO WICHTIG IST, DEINE EIGENE BESTE FREUNDIN ZU SEIN

Hast du schon mal etwas von der »inneren Stimme« gehört? Jeder Mensch hat so eine Stimme. Du hörst sie immer dann, wenn du irgendetwas denkst. Vielleicht sagt sie »Mist!«, wenn Vokabeln abgefragt werden, die du nicht gelernt hast. Bestimmt hat sie auch schon mal »Ihhhhhh!« gerufen, wenn du etwas voll Ekliges gesehen hast, und ganz bestimmt spricht sie auch dann mit dir, wenn dir etwas nicht so gut gelingt.

Wenn ich was Blödes gemacht habe oder etwas nicht kann, ist meine innere Stimme eher:

- [ ] nett
- [ ] gemein
- [ ] sauer
- [ ] lustig drauf
- [ ] mal so, mal so

Wie deine innere Stimme zu dir spricht, hat viel mit deinen Erfahrungen zu tun. Wer eher strengere Eltern, Lehrerinnen oder Lehrer hat, ist oft auch selbst eher streng mit sich. Mit gütigen Bezugspersonen fällt es dir vermutlich leichter, auch bei Stress freundlich zu dir selbst zu sein.

Aber die gute Nachricht ist: Ganz egal, was du gelernt hast – du kannst üben, deine innere Stimme freundlicher klingen zu lassen.

## WARUM SOLLTEST DU ÜBERHAUPT NETT ZU DIR SEIN?

Weil niemand so oft bei dir ist wie du. Und wäre es nicht viel schöner, immer eine gute Freundin bei sich zu haben, als ständig in Gedanken gemeine Sachen zu hören?

In der Wissenschaft hat man sogar herausgefunden, dass Menschen viel besser lernen, etwas gut zu machen, wenn sie in einer netten Umgebung sind. Und ja, diese nette Umgebung kannst du selbst für dich sein.

**ÜBUNG:**

Wenn deine innere Stimme mal wieder drauflosschimpfen will, sag in Gedanken »STOPP«! Frag dich dann, was du deiner besten Freundin oder deinem besten Freund sagen würdest in der gleichen Situation. Je länger du das übst, desto mehr gewöhnt sich deine innere Stimme an, dich wie eine gute Freundin zu behandeln.

## DU ENTSCHEIDEST. WELCHE INNERE STIMME MÖCHTEST DU GERNE HÖREN?

»Boah, ist ja eh schon klar, dass du dich schon wieder vor allen Leuten auf den Hintern schmeißt! Echt, ey … peinlich! Du bist einfach nur peinlich!«

»Du schaffst das! Und wenn nicht, ist es auch nicht schlimm, dann versuchst du es einfach noch mal! Suuuuuper, schon drei Sekunden ohne Po-Klatschen! Whoohooo!«

OK!

# DU UND DER GLAMOUR

## Was macht dich besonders?

»Jeder Mensch ist ein einmaliger Mensch und tatsächlich, für sich gesehen, das größte Kunstwerk aller Zeiten.«

Thomas Bernhard
(bedeutender österreichischer Autor, der von 1931 bis 1989 gelebt hat)

## SELBSTTEST

Wusstest du, dass du in irgendeiner deiner Eigenschaften ganz besonders strahlend glänzt?

Klaro, weiß ich! → Glückwunsch! Du weißt, wie besonders du bist!

Joa, bestimmt, aber ich weiß nicht so recht, in was. → Na, dann aber schnell ab zum Test auf Seite 23!

Nö, ich bin ein ganz normaler, eher langweiliger Mensch. → Wetten, du irrst dich? Sieh schnell auf die nächste Seite …

# WAS MACHT MICH BESONDERS?

Jeder Mensch hat besondere Stärken. Welche ist deine? Kreuze einfach bei jeder Frage die Antwort an, die am ehesten auf dich zutrifft. Manchmal treffen auch mehrere Antworten zu. Das macht nichts, du darfst so viele Antworten ankreuzen, wie du willst. Am Ende zählst du, wie oft du welche Farbe gewählt hast.

Los geht's.

### Welchen Satz würden deine Freundinnen und Freunde am ehesten zu dir sagen?

Rot: Du weißt aber auch alles!

Grün: Du verstehst mich immer so gut!

Gelb: Du hast immer so gute Ideen!

Rosa: Du bringst mich immer zum Lachen!

Blau: Auf dich kann man sich hundertprozentig verlassen!

### Deine erste selbst geplante Reise wird ...

Grün: ... eine Reise ans Meer, bei der du so richtig entspannen kannst.

Rosa: ... dich sicher in einen Vergnügungspark führen. Disneyland wäre cool.

Gelb: ... eine Rundreise mit dem Camper, auf der du ganz viele verschiedene Eindrücke sammeln kannst.

Blau: ... auf jeden Fall bis ins kleinste Detail geplant, weil schon das Planen voll Spaß machen wird.

Rot: ... eine Abenteuerreise an einen Ort, der komplett anders ist als dein Zuhause.

### In 20 Jahren bist du am ehesten ...

Rosa: Comedian, Witzeschreiberin oder Moderatorin

Rot: Forscherin, Reporterin oder Pilotin

Grün: Lehrerin, Ärztin, Tierpflegerin

Blau: Richterin, Polizistin oder Bundeskanzlerin

Gelb: Autorin, Malerin, Musikerin, Tänzerin oder Schauspielerin

### Richtig glücklich macht es dich, ...

Rot: ... wenn dir nicht langweilig ist.

Grün: ... wenn alle um dich herum glücklich sind.

Gelb: ... wenn du dich mit etwas beschäftigst, was dich alles um dich herum vergessen lässt.

Rosa: ... wenn du andere zum Lachen bringen konntest.

Blau: ... wenn etwas so klappt, wie du es dir vorgenommen hast.

## Welches Fortbewegungsmittel passt besonders gut zu dir?

Rot: Camper mit Surfbrett drauf

Blau: blauer VW Käfer

Grün: Tandem

Rosa: Propelleranzug

Gelb: Dir fällt sicher etwas Eigenes ein, das du malen könntest!

## Ups, der Aufzug bleibt stecken … Mit welcher Person würdest du dir die Zeit bis zur Rettung am liebsten vertreiben?

Gelb: mit Harry Potter

Rot: mit Checker-Tobi

Rosa: mit meinem Lieblings-YouTuber/meiner Lieblings-YouTuberin

Grün: mit meiner besten Freundin

Blau: mit einem Aufzugmechaniker ;-)

# AUSWERTUNG:

Rot: Respekt! Du bist ein superaufgeweckter Mensch und hast richtig viel Wissen. Ob in Büchern oder in fernen Ländern, du willst so viel erleben und erfahren wie möglich! Das macht dich zu einer besonders interessanten Gesprächspartnerin, denn Menschen wie du haben immer etwas Spannendes zu erzählen.

Grün: Wow, du bist ganz besonders mitfühlend. Du kannst dich prima in andere Menschen reinversetzen und willst, dass es allen gut geht. Weißt du, wie wertvoll diese besondere Eigenschaft für die Menschen um dich herum ist? Bei dir findet man wirklich immer ein offenes Ohr und eine dicke Umarmung.

Gelb: Oho, Glückwunsch, du bist superkreativ! Menschen mit diesem besonderen Talent haben immer gute Ideen und machen die Welt zu einem spannenderen Ort. Alle Dichter, Maler und Musiker sind kreativ. Und was bitte wäre eine Welt ohne Bilder, Musik und Bücher?

Rosa: Fantastisch! Du bist unfassbar lustig! Menschen zum Lachen bringen zu können, ist eine wunderbare Gabe, die dir noch sehr viele Vorteile im Leben bringen wird. Mit deiner lebensfrohen Art zauberst du anderen Menschen immer wieder ein Lächeln ins Gesicht und machst so die Welt zu einem schöneren Ort.

Blau: Ganz ehrlich, was kann die Welt dankbar sein, dich zu haben! Du bist total zuverlässig und alle können sich hundertprozentig auf dein Wort verlassen. Pflichtbewusste Menschen denken oft, dass sie »total normal« sind, aber da unterschätzen sie gewaltig, wie wertvoll diese eine Eigenschaft für alle anderen Menschen ist.

Bunt gemischt / mehrere Farben gleich oft: Du bist ganz vielseitig begabt und hast ganz unterschiedliche, interessante Talente. Schau dir einfach die Ergebnisse aller Farben an, die du besonders häufig gewählt hast.

# WARUM MAN SELBST OFT GAR NICHT MERKT, WIE BESONDERS MAN IST

Wenn wir etwas oder jemanden schon immer kennen und dauernd sehen, verlieren wir manchmal den Blick für die kleinen Besonderheiten. Schau mal in den Spiegel und versuche, dich selbst mit einem ganz neuen Blick zu sehen.

Strahlen deine Augen besonders?

Und wie sieht es in dir drinnen aus?

Mit wem hast du Ähnlichkeit?

Kannst du superlustige Grimassen schneiden?

Was macht DICH zu einem besonderen Menschen?

Was ich besonders finde an mir:

Wenn dir nichts Besonderes an dir auffällt, frag ruhig mal eine Person, von der du weißt, dass sie dich sehr gerne mag:

- [ ] ____
- [ ] ____
- [ ] ____
- [ ] ____
- [ ] ____

«Was du über dich selbst denkst, ist viel wichtiger als das, was andere über dich denken.«

Seneca
(römischer Philosoph, Forscher, Politiker und Schriftsteller, der vor etwa 2000 Jahren lebte)

# HAST DU DICH SCHON MAL GEFRAGT, WIE ES IST, EIN BERÜHMTES KIND ZU SEIN?

Sony Pictures Entertainment – DVD »Wendy 2 – Freundschaft für immer«

Mit zehn Jahren stand Jule Hermann zum ersten Mal vor der Kamera, ein Jahr später wurde sie als Pferdemädchen »Wendy« zu einem richtigen kleinen Kinostar. Das klingt total glamourös und spannend. Aber wie ist das eigentlich wirklich, wenn man schon als Kind berühmt ist und im Rampenlicht erwachsen wird? Fragen wir Jule doch einfach mal selbst …

### Hurra, ich bin Wendy

Als ich elf Jahre alt war, bekam ich einen Anruf, dass ich die Hauptrolle im Film »Wendy« spielen darf. In dem Moment stand ich gerade direkt neben einem Spiegel. Ich sah mich darin an und konnte kaum glauben, dass das berühmte Pferdemädchen Wendy bald mein Gesicht haben würde. Bis vor Kurzem hatte ich mir selbst noch die Wendy-Zeitschriften gekauft, und jetzt sollte ausgerechnet ich dieses Mädchen spielen dürfen? Ich spürte sofort, dass das etwas sehr Besonderes war und dass diese Rolle mein Leben verändern könnte.

### Genau das ist es

Nach vielen Reitstunden ging es endlich los, und ich muss sagen: Ich habe die Dreharbeiten und die Vorbereitungen geliebt! Klar war es auch anstrengend, neben den normalen Schulaufgaben noch den Text auswendig zu lernen und teilweise viele Stunden am Tag vor der Kamera zu stehen. Ich fehlte auch ein paar Unterrichtsstunden und musste dann zusätzlich noch den verpassten Schulstoff nachholen. Aber ich wusste gleichzeitig: Genau das ist es, was ich tun möchte.

### Mein »echtes« Leben stand Kopf

In meinem Alltag aber wurde es kompliziert. Ich hörte in der Schule plötzlich gehässige Kommentare oder auch einfach nur lustig gemeinte Sprüche, wenn ich zum Beispiel wegen eines Drehs mal einen Tag gefehlt habe. Es wurde hinter meinem Rücken getuschelt und ich fühlte mich auf dem Pausenhof ständig beobachtet. Auch wenn das nicht alles böse gemeint war, wurde mir klar, dass sich nicht alle einfach nur für mich freuen, sondern manche auch neidisch und missgünstig sind. Darüber hatte ich vorher nie nachgedacht. Richtig gemobbt wurde ich zum Glück nie. Aber auch die kleinen Gemeinheiten habe ich mir damals sehr zu Herzen genommen. Ich bekam richtig Angst davor, was die anderen von mir denken könnten.

### Ich habe mich verändert

Man hört oft, dass Menschen sich verändern, wenn sie berühmt werden. Das war auch bei mir so. Vorher hätte ich gedacht, dass man selbstbewusster wird, wenn man bekannt ist. Aber das Gegenteil war der Fall. Ich hatte so große Angst, dass die anderen mich für eingebildet halten könnten, dass ich viel stiller und verschlossener wurde, sogar vor meiner allerbesten Freundin. Vom Dreh erzählte ich nur, wenn ich ganz klar danach gefragt wurde. Ich wollte einfach bloß nicht auffallen oder verurteilt werden und habe mir in der Schule extraviel Mühe gegeben, möglichst in der Masse zu verschwinden. Vor Wendy habe ich zum Beispiel gerne mal ausgefallene Sachen getragen, zum Beispiel einen Hut. Aber plötzlich traute ich mich das nicht mehr. Was, wenn die anderen dann denken würden, dass ich mich für etwas Besonderes halte oder arrogant bin?

### Mit elf ist eh alles so verwirrend

Wenn ich jetzt auf diese Zeit zurückblicke, verstehe ich, warum es mich etwas überfordert hat, gleichzeitig Jule und Wendy zu sein. Dieses Alter ist doch eh schon für jeden total verwirrend. Man fragt sich dauernd, wer man ist, was man will, was die anderen von einem erwarten und all so was. Genau in dieser Zeit so im Rampenlicht zu stehen und dann auch noch ein Mädchen zu spielen, das von allen geliebt wird, war nicht einfach für mich. Manchmal habe ich mir gewünscht, wirklich Wendy zu sein. Sie hat sich wie der beste Teil von mir selbst angefühlt.

### Ich bereue nichts

Es hat ein bisschen gedauert, bis ich mich selbst daran gewöhnt habe, dass Menschen über mich sprechen oder mich manchmal auf der Straße erkennen. Ich habe gelernt, dass ich mir nicht so viele Gedanken darum machen darf, was die anderen von mir denken. Im Normalfall denken sie ja auch gar nichts Schlechtes. Man darf sich selbst nicht so wichtig nehmen, dann ist alles leichter. Letzten Endes bereue ich es überhaupt nicht, Wendy gespielt zu haben. Ich freue mich eher über all die Erfahrungen, die ich machen durfte. Noch immer kann ich mir keinen schöneren Job vorstellen, und dass ich Wendy sein durfte, erfüllt mich mit Stolz und Dankbarkeit.

### Was ich Kindern sage, die auch Schauspielerin oder Schauspieler werden möchten

Kindern, die Schauspielerin oder Schauspieler werden wollen, würde ich niemals abraten. Ich sage immer: »Wenn du es liebst, dann tu es!« Nur um berühmt zu werden, würde ich es aber nicht machen, denn Ruhm hat auch Schattenseiten, und es macht auch einfach viel Mühe, sich eine Rolle zu erarbeiten. Das sollte man dann schon sehr mögen.

Aber ich glaube, dass sich viele Kinder davon abhalten lassen, ihren Träumen zu folgen, weil sie sich nicht stark genug fühlen. Dazu kann ich nur sagen: Ich war auch nicht immer stark! Man kann aber lernen, auch der schwachen Seite in sich zu vertrauen …

# NARBEN UND MAKEL GEHÖREN ZU DIR UND MACHEN DICH EINZIGARTIG

### Wärst du gerne perfekt?

So ganz ohne Fehler und Makel? Falls ja, mach dir einmal bewusst: Solche Menschen gibt es in echt gar nicht. Auch, wenn es bei immer lächelnden Topmodels oder auf YouTube oder Instagram so aussieht … Niemand ist immer glücklich, niemand hat einen absolut perfekten Körper oder ein perfektes Leben und wirklich niemand auf der Welt wird von allen gemocht.

### Narben auf der Seele

Wenn eine Wunde verheilt, entsteht auf der Haut eine Narbe. So ähnlich wie auf deiner Haut gibt es auch Dinge, die im Laufe deines Lebens deine Seele verletzen. Es gibt niemanden, der noch niemals verletzt wurde. Deshalb trägst auch du bestimmt ein paar Narben auf der Seele … Manchmal tun selbst diese verheilten Wunden noch etwas weh. Aber ohne sie wärst du nicht die Person, die du jetzt bist.

### Wenn Wunden nicht verheilen wollen …

Nicht alle Wunden werden nur durch die Zeit geheilt. Es können Dinge passieren, die uns so sehr verletzen, dass wir Hilfe brauchen, um uns wieder ganz heile und kräftig zu fühlen. Wenn du merkst, dass du mit einem Erlebnis oder mit Ängsten oder Gedanken zu einem Thema nicht gut klarkommst, sprich mit einem Menschen darüber, dem du vertraust. Wenn du niemanden kennst, dem du deine Sorgen anvertrauen möchtest, dann kannst du auch (ganz ohne deinen Namen preiszugeben und komplett kostenlos) die Nummer gegen Kummer anrufen:

**GEWUSST?**
Winter, die berühmteste Delfindame der Welt, wurde 2011 nur deshalb berühmt, weil sie keine Schwanzflosse hatte. Sie schwamm mit einer Prothese und machte vielen Menschen mit ihrer Tapferkeit Mut. Die wahre Geschichte wird in dem Spielfilm »Mein Freund, der Delfin« erzählt, in dem sich Winter sogar selbst spielte. Als Winter 2021 starb, trauerten Millionen Menschen auf der ganzen Welt um sie. Es war ihr Makel, der sie für so viele Menschen besonders machte.

116 111 (montags bis samstags von 14 Uhr bis 20 Uhr)

# DU UND DIE ZUKUNFT

## Was erwartet dich genau in den nächsten Jahren?

Als Kind hast du die meiste Zeit voll im Hier und Jetzt gelebt. Du hast dir nur selten Sorgen gemacht über Dinge, die früher geschehen sind, oder über Dinge, die in der Zukunft liegen. Komplett nur im Moment zu leben, ist eine Fähigkeit, die sich viele Erwachsene wieder für sich wünschen. Sie machen dann Yoga oder meditieren, damit sie das wieder hinkriegen, aber ganz so gut wie Kinder werden die meisten Erwachsenen das nie wieder beherrschen. Schade eigentlich ...

### DU BIST KEIN KIND MEHR, ABER AUCH NICHT ERWACHSEN

Du bist jetzt irgendwo zwischen den Welten und merkst wahrscheinlich, dass du immer häufiger auch an die Zukunft denkst oder dass dir auch Vergangenes im Kopf rumspukt. In anderen Momenten wiederum bist du noch komplett im Jetzt, ohne an gestern oder morgen zu denken. Diese Mischung mag manchmal ein bisschen verwirrend sein (und zwar nicht nur für dich, sondern auch für andere), aber eigentlich ist sie großartig!

Denn in deinem Alter kannst du das Leben genießen wie ein Kind, aber trotzdem deine Zukunft gestalten und aus der Vergangenheit lernen wie ein Erwachsener. Ziemlich cool, das Beste aus zwei Welten in sich zu tragen, oder?

# HAST DU EIN LEBENSMOTTO?

Viele Menschen suchen sich ein Lebensmotto aus, das sie immer daran erinnern soll, was ihnen wichtig ist. Manche Menschen wollen unbedingt ihr Leben genießen, andere wollen etwas Großes bewirken. Wieder anderen ist es ein großes Anliegen, in schwierigen Momenten nicht den Mut zu verlieren.

## WAS IST DIR BESONDERS WICHTIG? FINDEST DU HIER EIN LEBENSMOTTO, DAS ZU DIR PASST?

»Mit mir ist es komisch. Ich kann so viel.«
Lotta aus der Krachmacherstraße (Figur von Astrid Lindgren)

»Man sieht nur mit dem Herzen gut. Das Wesentliche ist für die Augen unsichtbar.«
Der kleine Prinz (Figur aus dem Werk »Der kleine Prinz« von Antoine de Saint-Exupéry)

»Gib jedem Tag die Chance, der beste deines Lebens zu werden!«
Marc Twain (amerikanischer Schriftsteller, der zum Beispiel »Huckleberry Finn« und »Tom Sawyer« geschrieben hat)

»Von jedem Menschen, dem ich begegne, kann ich etwas lernen.«
Unbekannt

»Wenn du es dir vorstellen kannst, kannst du es auch tun.«
Walt Disney (Trickfilmzeichner und Filmproduzent)

»Alles ist schwer, bevor es leicht wird.«
Saadi (persischer Schriftsteller)

»Lass dir dein Leuchten nicht nehmen, nur weil es andere blendet.«
Unbekannt

»Probleme sind verkleidete Möglichkeiten.«
Henry Ford (amerikanischer Erfinder und Automobilhersteller)

»Das habe ich noch nie versucht, also bin ich völlig sicher, dass ich es schaffe!«
Pippi Langstrumpf (Romanfigur von Astrid Lindgren)

»Es gibt keinen Weg zum Glück. Glücklich sein ist der Weg.«
Buddha (Begründer der Weltreligion Buddhismus)

»Auch aus den Steinen, die dir in den Weg gelegt werden, kannst du etwas Schönes bauen!«
Erich Kästner (deutscher Schriftsteller, der Kinderbücher wie »Pünktchen und Anton« und »Das doppelte Lottchen« schrieb)

»Alles, was du brauchst, ist Glauben, Vertrauen und ein bisschen Feenstaub!«
Peter Pan (Romanfigur von J. M. Barrie)

»Ich habe nicht versagt. Ich habe nur 10000 Wege gefunden, wie etwas nicht funktioniert.«
Thomas A. Edison (amerikanischer Erfinder, der die erste Glühbirne baute)

»Sei du selbst. Alle anderen sind schon vergeben!«
Oscar Wilde (einer der berühmtesten irischen Schriftsteller)

»Die Seele hat die Farben deiner Gedanken!«
Mark Aurel (römischer Kaiser aus dem 2. Jahrhundert)

»Glück ist die Summe schöner Momente.« Unbekannt

»Es ist besser, ein einziges kleines Licht anzuzünden, als die Dunkelheit zu verfluchen!«
Konfuzius (chin. Philosoph, der vor etwa 2500 Jahren lebte)

»Sei du selbst die Veränderung, die du dir für diese Welt wünschst.«
Mahatma Gandhi (Anführer der indischen Unabhängigkeitsbewegung)

»Wenn man bis zum Hals im Mist steht, sollte man nicht den Kopf hängen lassen ...« Unbekannt

»Alles unter zehn Stunden Schlaf ist Blinzeln.« Unbekannt

# UFF, DIE SCHULE WIRD ANSTRENGEND … MUSS DAS SEIN?

Jetzt bist du wahrscheinlich schon seit einigen Jahren in der Schule. Möglich, dass du gerade nicht mehr ganz so viel Bock aufs Lernen hast wie in der ersten Klasse. Woran das liegen kann?

**1. Das Baustellen-Problem:** Du weißt ja schon, dass dein Gehirn sich gerade umbaut. Es ist also sehr beschäftigt und fühlt sich dann vielleicht ein bisschen gestört, wenn du noch Matheformeln oder Englischvokabeln in dieser Baustelle unterbringen sollst.

**2. Zu zufrieden?** Vielleicht hast du auch das Gefühl, dass du die wichtigsten Sachen wie Lesen, Schreiben und Grundrechenarten jetzt ja kannst und dir theoretisch der neue Stoff nicht mehr ganz so viel bringt?

**3. Achtung, Trotzalarm!** Manche Menschen haben einen sehr starken eigenen Willen, und es fällt ihnen schwer, Dinge zu tun, die andere ihnen vorschreiben. Wenn du zum Beispiel eine Lehrerin oder einen Lehrer nicht so gerne magst, findest du es vielleicht doppelt schwierig, dich für die Schule zu begeistern …

Es gibt noch Tausende anderer Gründe, weshalb die Schule anstrengend für dich sein könnte. Doch ganz egal, ob es an diesen drei Gründen liegt oder an anderen, die Lösung ist immer die gleiche:

Um wieder Spaß am Lernen zu haben, hilft keine Belohnung, meist auch keine neue Lehrerin und kein neuer Lehrer, und wirklich niemals hilft es, wenn Eltern genervt ihre Augenbraue heben (sag ihnen das ruhig mal …).

**Schüler, die gut in der Schule sind und auch richtig Lust haben, etwas zu lernen, haben genau eine Gemeinsamkeit:**

**SIE HABEN EINEN ELEFANTEN, DER LERNEN WILL UND DER SIE VERSTEHT.**

Wie jetzt? Einen Elefanten, mit dem man sprechen kann? Du müsstest also Otto heißen und dein bester Freund Benjamin Blümchen, damit du mehr Lust auf Hausaufgaben und Lernen hast?

Na ja, zum Glück nicht ganz …

Wenn du wissen willst, was es mit diesem ominösen Dickhäuter genau auf sich hat und wie er dir in der Schule helfen kann, lies auf der nächsten Seite alles darüber.

# WIE EIN ELEFANT DIR IN DER SCHULE HELFEN KANN

Stell dir vor, du besitzt einen großen Elefanten, auf dem man reiten kann. Setz dich in Gedanken gemütlich auf ihn und reite los. Er ist ganz lieb, keine Angst. Etwa 100 Meter vor dir liegt dein Ziel, sagen wir mal, eine gute Note in der nächsten Mathearbeit. Du reitest los, vorbei an Bäumen, Sträuchern, einer Wiese, hast deine gute Note fest im Blick von da oben … doch dann taucht da plötzlich neben dir ein großer Berg mit Zuckerstückchen auf. Auweia! Du weißt ja von Benjamin Blümchen, wie gerne Elefanten Zuckerstückchen mögen … Also, was jetzt?

Wie machst du es, dass sich dein Elefant nicht ablenken lässt und dich weiter zur guten Mathenote trägt?

Genau diese Frage haben sich schon viele Wissenschaftler gestellt.

Warum?

Weil Menschen ungefähr so funktionieren wie ein Elefant mit Reiter.

Der Reiter ist die Vernunft, also der Teil in dir, der weiß: »Wenn ich immer meine Hausaufgaben mache und zu Hause etwas lerne, werde ich in der Mathearbeit gut abschneiden.«
Der Elefant ist der Teil von dir, der einfach nur Spaß und Freude haben will. Und dieser Teil ist viel größer und stärker als der Reiter. Dein Elefant mag vielleicht nicht so gerne Zucker, aber dafür vielleicht Nachmittage im Freibad, dein Handy und chilliges Rumgammeln. Auf jeden Fall mag er sehr viele Dinge, die dich vom Lernen abhalten, und er wird ALLES dafür tun, dich von deinem Ziel abzulenken, wenn ihm dein Ziel keinen Spaß macht.

Mein Elefant liebt:

Aber kommen wir zu unserer Frage zurück. Wie lenkst du also deinen Spaß-Elefanten an dem großen Berg mit toller Ablenkung vorbei zur guten Note?

Da dein Elefant viel größer und kräftiger ist als du, hast du kaum eine Chance. Um genau zu sein, hast du nur eine einzige, die langfristig funktioniert, nämlich:

**DEIN ELEFANT MUSS ES SELBST WOLLEN, WEIL ES IHM FREUDE MACHT.**

# WIE DU DEINEM ELEFANTEN BEIBRINGST, FREUDE AM LERNEN ZU HABEN

Es gibt viele Arten, dem Elefanten Freude am Lernen beizubringen. Hier mal drei Beispiele:

### 1. Mach deinen Arbeitsplatz zum schönsten Ort des Hauses

Leg dir alles zurecht, was du zum Lernen brauchst. Ja, natürlich darf es auch ein bisschen Schoki sein, was denkst du denn? Das Lernen soll doch Spaß machen!

### 2. Lern mit deinen Freunden

Falls deine Eltern Bedenken haben, dass ihr zusammen nicht ordentlich lernt, sondern nur lacht, sag ihnen, dass lachende Menschen am allerbesten lernen. Das ist wirklich wahr! Solange du deinen Elefanten nämlich bei guter Laune hältst, macht er gerne, was du von ihm willst. Und du wolltest doch die gute Note in Mathe, stimmt´s?

### 3. Nutze Lerntricks wie die Loci-Methode

Lernen muss nicht öde sein. Die Loci-Methode ist zum Beispiel ein Trick, mit dem das Lernen nicht nur viel spaßiger ist, sondern auch noch viel besser und schneller klappt. Geeignet ist sie, wenn du dir zum Beispiel Jahreszahlen oder mehrere Begriffe in einer Reihenfolge merken musst. Wie die Methode geht, erfährst du auf der nächsten Seite.

# DIE LOCI-METHODE – SO GEHT´S

Wenn du dir beispielsweise die Jahreszahl 1929 merken musst, kannst du mit jeder Ziffer einen Ort deines Zimmers verbinden und dir einfach nur die Route merken.

Du gehst zum Beispiel zu deinem Bett und versuchst, in deinem Kopf eine 1 mit diesem Ort zu verbinden. Zum Beispiel kannst du denken: »Ich habe hier genau 1 Lieblingskuscheltier.«

Geh danach zum Schreibtisch und lege dort 9 verschiedene Buntstifte hin. Präg dir das Bild ein.

Weiter geht's. Geh einfach weiter und verknüpfe mit dem nächsten Ort in deinem Zimmer die 2. Zur Not male die 2 in Gedanken mit Neonfarbe an die Wand. (Aber besser echt nur in Gedanken …)

Jetzt hüpf zurück zu deinen 9 Stiften auf dem Schreibtisch.

Fertig.

Wenn dich jetzt jemand nach der Zahl fragt, musst du nur die Augen schließen und in Gedanken deine Zimmerroute Bett – Schreibtisch – Wand mit der Neon-2 – Schreibtisch durchgehen, und schon weißt du sie wieder: 1 – 9 – 2 – 9.

Klappt das bei dir? Falls ja, versuch die Loci-Methode mal mit Sachen, die du für die Schule lernen musst. Auch auf YouTube gibt es Erklärvideos zu dieser und zu weiteren Lernmethoden, die Spaß machen und das Lernen erleichtern.

### WUSSTEST DU DAS?

Viele der erfolgreichsten Erwachsenen der Welt leben nach der sogenannten 5-Stunden-Regel. Die besagt, dass sie fünf Stunden pro Woche dafür aufbringen, Neues zu lernen und schlaue Bücher zu lesen. Und das, obwohl sie Managerinnen, Präsidenten oder total beschäftigte Künstlerinnen sind. Die Zeit nehmen sie sich, weil es ihnen Freude macht, immer klüger zu werden.

»Das Wichtigste ist, dass man nicht aufhört zu fragen.«

Albert Einstein
(bedeutender deutscher Physiker)

# DU UND DEIN KÖRPER

## Dein Körper, deine Regeln

Als du noch klein warst, hast du nach und nach deinen Körper kennengelernt und warst vermutlich sehr beschäftigt damit, zu lernen, wie du ihn kontrollierst. Das war gar nicht mal so einfach, denn du hast 656 verschiedene Muskeln, und bei jeder Bewegung musst du genau koordinieren, welcher Muskel wann was tun muss. Wie schwer das zu lernen war und welche Höchstleistung dein Körper da noch immer vollbringt, immerzu das Gleichgewicht zu halten, kannst du schön beobachten, wenn du mal ein Kleinkind bei seinen ersten Gehversuchen betrachtest.

**WUSSTEST DU DAS?**

Du wurdest mit 350 Knochen geboren, hast als Erwachsener aber nur noch 206. Keine Angst, kein Knochen springt über Nacht mal kurz aus deinem Bauchnabel und hüpft davon …

Dass die Anzahl deiner Knochen weniger wird, liegt nur daran, dass einige von ihnen mit der Zeit zusammenwachsen.

### ACHTUNG, ECHT MIES! DEIN KÖRPER VERRÄT DEINE GEHEIMNISSE

Dein Körper kann eine Menge, aber eine Sache kann er gar nicht gut: Geheimnisse für sich behalten. Es gibt Experten, die richtig, richtig viel aus deinen Bewegungen erkennen können und sogar wissen, was es bedeutet, wenn du kurz nach rechts oben guckst oder dir durch die Haare streichst. Solche Experten arbeiten zum Beispiel für die Polizei. Zum Glück sind nicht alle Menschen so gut darin, andere zu »lesen«, aber manche Zeichen – vor allem Gesichtsausdrücke – kann so ziemlich jeder verstehen, wie zum Beispiel das Erröten des Gesichts, wenn uns etwas peinlich ist.

Wenn du selbst eine richtige Expertin in Sachen Körpersprache werden willst, kannst du ja mal das Wort »Mikroexpressionen« googeln oder ein Buch darüber lesen. Das Thema ist nämlich richtig spannend und hilft dir zu verstehen, was in anderen Menschen vor sich geht.

## DEIN KÖRPER, DEINE REGELN

Bestimmt kennst du den Satz »Mein Körper gehört mir!«

Doch zu diesem Satz gibt es so viele Zusätze und Einschränkungen, dass das ganz schön verwirrend ist. Denn auch wenn dein Körper dir gehört, dürfen dir deine Eltern zum Beispiel sagen, dass du mal wieder duschen solltest oder deine Zähne putzen musst. Warum? Weil du ansonsten sehr krank werden könntest.

Es gibt sogar richtige Gesetze, die deine Eigenverantwortung über deinen Körper einschränken, wie zum Beispiel eine Impfpflicht gegen Masern, verpflichtende ärztliche Vorsorgeuntersuchungen oder das Verbot, sich in der Öffentlichkeit komplett nackt zu zeigen. Auch hier geht es um deinen eigenen Schutz, aber auch um den Schutz anderer Menschen.

Was bedeutet es also, wenn Menschen sagen:
»Dein Körper gehört dir!«?

Es bedeutet, dass du allein darüber entscheiden sollst und darfst, was du mit deinem Körper machst, solange du dich oder andere Menschen damit nicht gefährdest.

## HIER SIND 10 GOLDENE REGELN, DIE IMMER FÜR DICH GELTEN:

1. **Niemand darf dich je zwingen, einen anderen Menschen anzufassen, zu umarmen oder zu küssen.** NIEMAND! NIEMALS!

2. Du selbst solltest nie etwas mit deinem Körper tun oder geschehen lassen, was du nicht willst, nur damit eine andere Person nicht enttäuscht ist. **Deine Grenzen sind wichtiger.**

3. Wenn jemand etwas über deinen Körper entscheiden will, dann frag nach, warum. **Es gibt nur zwei Gründe dafür, dies zuzulassen: 1. Dein Schutz, 2. Der Schutz anderer.** Wenn du dir unsicher bist, ob das wirklich zutrifft, sprich mit einer unbeteiligten Person darüber.

4. Solange du keine Respektlosigkeit mit deiner Kleiderwahl ausdrückst und dich dem Wetter entsprechend anziehst, gilt: **Du bestimmst, was du anziehst und was nicht.** Das gilt ganz besonders, wenn du dich nicht »typisch Mädchen« kleiden möchtest.

5. **Wie du deine Haare trägst, ist allein deine Sache.** Die einzigen Einschränkungen: Deine Haare darfst du erst mit 16 färben lassen, und zu deinem Schutz ist Einmischung erlaubt. Ein Chemieexperiment mit offenen Haaren zu machen, wäre zum Beispiel viel zu gefährlich.

6. **Lass dir keine Kritik an Äußerlichkeiten gefallen.** Bitte darum, sich in diese Themen nicht einzumischen, denn es geht niemanden etwas an, wie du aussiehst.

7. **Das Kritisieren, Auslachen oder Hinterfragen des Aussehens anderer Leute ist auch für dich tabu.** Das Erscheinungsbild anderer Menschen geht dich nichts an, solange es dir nicht explizit schadet! Das wäre beispielsweise eventuell in Punkt 8 der Fall.

8. **Du musst niemals hinnehmen, wenn andere Leute vor dir ihre Genitalien entkleiden,** außer du gibst ausdrücklich dein Okay. Wenn sich jemand darüber hinwegsetzt, sprich mit einer anderen Person deines Vertrauens, dass du das nicht willst.

9. **Du musst vor niemandem je deine Genitalien oder Brüste entblößen und dich erst recht nicht dort anfassen lassen.** Sollte das jemals aus medizinischen Gründen notwendig sein, darfst du darauf bestehen, dass eine Person deines Vertrauens mit dabei ist.

10. Wenn es um deinen Körper oder um den Bruch dieser 10 Regeln geht, solltest du **keine Geheimnisse** für dich behalten müssen. Vertrau dich einem Erwachsenen an, der nichts mit dem Geheimnis zu tun hat, wenn dich jemals jemand um Stillschweigen bittet.

# DU UND DIE SCHÖNHEIT

## warum nicht nur Ideale schön sind

Hast du dich schon mal gefragt, warum wir Dinge und Menschen überhaupt schön oder nicht so schön finden?
Bei Menschen sind es vor allem fünf Gründe, die dazu beitragen, jemanden als hübsch oder schön zu empfinden:

### 1. Der goldenen Schnitt

Es gibt tatsächlich messbare Regeln der Schönheit. Wenn Mund, Nase, Stirn und Augen in einem bestimmten Größenverhältnis zueinanderstehen, finden wir ein Gesicht besonders hübsch. Man nennt das optimale Verhältnis »der Goldene Schnitt«. Aktuell gelten nach diesen Regeln das Model Bella Hadid und der Schauspieler Robert Pattinson als die Menschen mit den schönsten Gesichtern.

### 2. Schönheitsideale einer Kultur / Zeit

Schönheitsideale verändern sich andauernd. Insbesondere bei Frauen schwanken die Vorstellungen von Schönheit sehr. Als deine Oma so alt war wie du, hätte man die heutigen Supermodels vermutlich für viel zu dünn und deshalb auch nicht für besonders schön gehalten. Auch der Ort, an dem Menschen leben, spielt eine große Rolle. In China oder in Mexiko werden auch heutzutage ganz andere Merkmale für besonders schön erachtet als bei uns.

### 3. Die Ausstrahlung

Doch auch Menschen, die rein gar nicht dem Goldenen Schnitt oder dem gerade aktuellen Schönheitsideal entsprechen, empfinden wir häufig als schön, wenn sie besonders glücklich oder freundlich wirken. Das Zauberwort heißt Ausstrahlung oder Charisma, was ungefähr das Gleiche bedeutet.

Man hat besonders viel Ausstrahlung, wenn man mit seiner Aufmerksamkeit ganz im Moment und bei den Menschen ist, mit denen man gerade etwas macht.

### 4. Vertrautes

Menschen schauen sich gerne Gewohntes an und finden es mit der Zeit immer schöner. Man nennt das den Mere-Exposure-Effekt, aber das musst du dir wirklich nicht merken. Dieser Effekt ist auch der Grund, warum wir uns selbst meist im Spiegel schöner finden als auf Fotos. Wir kennen unser spiegelverkehrtes Spiegelbild einfach viel besser als unser richtiges Gesicht. Deshalb mögen wir es meist lieber.

### 5. Liebe

»Schön ist eigentlich alles, was man mit Liebe betrachtet«, hat der Schriftsteller Christian Morgenstern mal geschrieben. Und eigentlich schrieb er damit auch schon das Allerallerwichtigste, was es über Schönheit überhaupt zu wissen gibt. Denn ein liebevoller und gütiger Blick auf sich und andere sticht jede Regel und jeden Effekt aus. So ist es einfach. Punkt.

**WUSSTEST DU DAS?**

Bella Hadid, eine der schönsten Frauen der Welt, empfindet ihre eigene Schönheit als wahnsinnig anstrengend. Dem WSJ Magazine sagte sie in einem Interview: »Meine Schönheit hat mich krank gemacht!«

Den Druck, immer perfekt aussehen zu müssen, weil die Welt das von ihr erwartet, konnte sie irgendwann kaum mehr aushalten, und sie hat sich nur noch selten aus dem Haus getraut. Schönheit kann also auch sehr unglücklich machen …

# DU UND DER HAUSSEGEN

## Alles über die häufigsten Streitthemen zu Hause

Hängt bei euch zu Hause auch manchmal der Haussegen etwas schief? Keine Sorge, das ist ganz normal und sogar eher ein gutes Zeichen. Experten sagen nämlich, dass sie sich eher Sorgen um Familien machen, in denen nie gestritten wird. Warum? Weil zu viel Harmonie auch ein Zeichen dafür sein kann, dass die Kinder sich nicht trauen, ehrlich zu sagen, was sie denken.

## TYPISCHE STREITTHEMEN IN DEINEM ALTER:

- Taschengeld
- Ordnung
- Kleiderwahl
- Schule
- Haushalt
- Tonfall
- Respekt

## WIE VIEL TASCHENGELD IST NORMAL?

Es gibt kein Gesetz, das vorschreibt, wie viel und dass du überhaupt Taschengeld bekommen musst. Trotzdem gibt es eine Übersicht, wie viel Taschengeld von Experten der Deutschen Bundesregierung empfohlen wird. Die Übersicht wird immer wieder aktualisiert. Du findest die aktuelle Version im Internet:

**https://familienportal.de/familienportal/lebenslagen/kinder-jugendliche/taschengeld**

### WUSSTEST DU DAS?

Kinder haben die Pflicht, im Haushalt mitzuhelfen. Das steht so im Paragraf 1619 des Bürgerlichen Gesetzbuchs der Bundesrepublik Deutschland und ist somit ein richtiges, echtes Gesetz. Es gilt so lange, bis du von zu Hause ausziehst. Nur, damit du weißt, welchen Paragrafen du deinen Eltern lieber NICHT vorliest …

# SELBSTTEST

Wie Teenies mit der Pubertät umgehen, hat viel mit ihrem Temperament und mit der Familienzusammenstellung zu tun. Und ja, du hast recht, ein bisschen haben es auch die Eltern in der Hand, ob diese Lebensphase besonders anstrengend wird oder nicht.

### 1. Welche Beschreibung trifft in deinen Augen am besten auf deine Eltern zu?

- [ ] a) Die sind ganz schön cool für ihr Alter … (0 Gewitterpunkte)
- [ ] b) Halt normale Eltern … mal nett, mal gemein. (10 Gewitterpunkte)
- [ ] c) Uff, im Moment sind sie wirklich anstrengend, und ich bin froh, wenn ich meine Zimmertür geschlossen habe. (20 Gewitterpunkte)

### 2. Apropos Zimmertür … welches Türschild würdest du dir sofort aufhängen?

- [ ] a) Achtung, Lebensgefahr! Betreten verboten! (20 Gewitterpunkte)
- [ ] b) Nervfreie Zone: Keine Kommentare über das Chaos, die Hausaufgaben oder die Lautstärke der Musik erwünscht. (10 Gewitterpunkte)
- [ ] c) Chillzone! Alles außer Chillen verboten! (0 Gewitterpunkte)

### 3. Mit deinen Freundinnen und Freunden …

- [ ] a) … bist du ständig am Kichern und kannst so sein wie du bist. (0 Gewitterpunkte)
- [ ] b) … gibt's schon mal Gezicke, aber eher selten. (10 Gewitterpunkte)
- [ ] c) … hast du ganz schön viele Dramen, aber sonst ist es ja auch langweilig. (20 Gewitterpunkte)

### 4. Welche Beschreibung trifft am meisten auf deine Familie zu?

- [ ] a) Chaotisch, aber liebenswert und lustig (10 Gewitterpunkte)
- [ ] b) Eher ruhig und mit klaren Regeln (0 Gewitterpunkte)
- [ ] c) Ultranervig – würde eventuell tauschen (20 Gewitterpunkte)

5. Wenn ich mich an eine Regel nicht gehalten habe und meine Eltern mir das sagen, dann ...

☐ a) ... wird es meistens laut bei uns. Und zwar richtig laut. (20 Gewitterpunkte)

☐ b) ... entschuldige ich mich schnell, weil ich keinen Streit mag. (0 Gewitterpunkte)

☐ c) ... kommt es ganz darauf an, um was es geht. Wenn der Vorwurf ungerecht ist, werde ich echt sauer. (10 Gewitterpunkte)

## AUFLÖSUNG:

**0-20 Gewitterpunkte:** Also wirklich, du bist ein außergewöhnlich friedlicher Mensch, daran wird auch die Pubertät nichts ändern. Deine Familie und deine Freunde sind dir superwichtig, und du gibst dein Bestes, um gut mit allen auszukommen. Das ist sehr löblich. Gib nur acht, dass du dich selbst nicht zu sehr zurückstellst. Du darfst ruhig für deine Meinung einstehen. Manchmal lohnt sich das.

**30-50 Gewitterpunkte:** Mit dir kommt man sehr gut aus, denn meistens bist du ein echt ausgeglichenes Pubertier. Wenn du miese Laune hast oder dich ungerecht behandelt fühlst, kann es auch mal ordentlich krachen zu Hause oder mit deinen Freundinnen und Freunden, aber meist lässt sich alles mit dir gut klären. Weiter so, denn so wirst du ernst genommen mit deinen Anliegen.

**60-90 Punkte:** Hui, du hast ja ein feuriges Temperament! Ungerechtigkeiten kannst du im Moment gaaanz schlecht ertragen und gehst schnell in die Luft, wenn dir jemand blöd kommt. Das ist einerseits verständlich, weil es auch echt nicht immer einfach ist mit anderen Menschen. Andererseits würden die anderen dir vielleicht noch besser zuhören, wenn du deine Argumente etwas entspannter formulierst. Kleiner Trick: Immer erst mal innerlich bis zehn zählen, bevor du wütend auf etwas antwortest. Das lässt dich klarer denken und bewahrt dich vor Ausrastern.

# KINDER HABEN RECHTE

Im Deutschen Grundgesetz wurde festgelegt, welche Rechte jedes Kind in Deutschland hat. Das bedeutet, dass du vor Gericht klagen kannst, wenn dir diese Rechte verwehrt werden. Aber was sind das überhaupt für Rechte? Hier die Allerwichtigsten:

**1. Gleichheit**
Alle Kinder haben die gleichen Rechte. Kein Kind darf benachteiligt werden. (Artikel 2)

**2. Gesundheit**
Kinder haben das Recht, gesund zu leben, Geborgenheit zu finden und keine Not zu leiden. (Artikel 24)

**3. Bildung**
Kinder haben das Recht, zu lernen und eine Ausbildung zu machen, die ihren Bedürfnissen und Fähigkeiten entspricht. (Artikel 28)

**4. Spiel und Freizeit**
Kinder haben das Recht, zu spielen, sich zu erholen und künstlerisch tätig zu sein. (Artikel 31)

**5. Freie Meinungsäußerung und Beteiligung**
Kinder haben das Recht, bei allen Fragen, die sie betreffen, mitzubestimmen und zu sagen, was sie denken. (Artikel 12 und 13)

**6. Schutz vor Gewalt**
Kinder haben das Recht auf Schutz vor Gewalt, Missbrauch und Ausbeutung. (Artikel 19, 32 und 34)

**7. Zugang zu Medien**
Kinder haben das Recht, sich alle Informationen zu beschaffen, die sie brauchen, und ihre eigene Meinung zu verbreiten. (Artikel 17)

**8. Schutz der Privatsphäre und Würde**
Kinder haben das Recht, dass ihr Privatleben und ihre Würde geachtet werden. (Artikel 16)

**9. Schutz im Krieg und auf der Flucht**
Kinder haben das Recht, im Krieg und auf der Flucht besonders geschützt zu werden. (Artikel 22 und 38)

**10. Besondere Fürsorge und Förderung bei Behinderung**
Behinderte Kinder haben das Recht auf besondere Fürsorge und Förderung, damit sie aktiv am Leben teilnehmen können. (Artikel 23)

Abgesehen von den Rechten, die jedem Kind jeden Alters zustehen, gibt es auch Rechte, die man erst in einem bestimmten Alter bekommt. Hier eine kleine Auswahl, die für dich vielleicht interessant ist:

Ab 5 Jahren: Du hast seit deinem fünften Geburtstag ein Mitbestimmungsrecht zum Thema Namensänderung. Wenn zum Beispiel ein Elternteil seinen Nachnamen ändert, kannst du mitbestimmen, welchen Nachnamen du tragen möchtest.

Ab 7 Jahren: Schon seit du sieben Jahre alt bist, gilt für dich der sogenannte »Taschengeldparagraf«. Der besagt, dass du alleine etwas kaufen darfst, solange der Betrag im normalen Rahmen des Taschengelds liegt. Ein schickes Cabrio wird dir wohl keiner verkaufen, eine Tafel Schoki aber schon ...

Ab 12 Jahren: Goodbye, Kindersitz! Ganz egal, ob du jetzt schon 1,50 Meter groß bist oder nicht, dein Kindersitz darf spätestens jetzt endgültig aus dem Auto fliegen. Auf Nimmerwiedersehen!

Ab 13 Jahren: Juhuuuu, jetzt darfst du selbst Geld verdienen. Einfache Arbeiten wie Zeitungen austragen oder Babysitten darfst du ab sofort erledigen und Geld dafür kassieren (auch wenn es wirklich fraglich ist, ob Babysitten immer einfach ist ...)

Ab 16 Jahren: Ein richtig wichtiger Geburtstag, denn hier hagelt es geradezu neue Rechte. Wenn du irgendwann 16 bist, darfst du die Politikerinnen und Politiker deiner Gemeinde oder Stadt wählen, mit dem Führerschein anfangen, Wein und Bier trinken, deine Haare färben lassen und viiiieeeele andere Dinge tun.

# IDEEN FÜR MEHR FRIEDEN ZU HAUSE

Klar muss man ein paar Dinge in der Familie ausdiskutieren, und da kann man sich auch mal uneinig sein. Aber ständig knallende Türen, schreiende Stimmen und stundenlange Schmollzeit machen auf Dauer ganz schön miese Stimmung …

Wenn das bei euch manchmal so ist und du das auch blöd findest, kannst du ja mal schauen, ob du deiner Familie eine oder auch einige dieser Regeln vorschlagen magst. Falls ihr solche Regeln längst habt: Prima! Denn wenn ihr respektvoll miteinander umgeht, könnt ihr zu Hause Kraft tanken (anstatt sie zu verlieren).

Die drei goldenen Familienregeln für mehr Frieden:

1. Wir gehen niemals im Streit aus dem Haus oder ins Bett, ohne uns wenigstens für den Moment freundlich zu verabschieden / Gute Nacht zu sagen.

2. Wir lassen uns gegenseitig ausreden.

3. Wir nehmen uns eine kurze Auszeit, wenn ein Gespräch zu hitzig wird, und besprechen die Sache, wenn wir uns beruhigt haben.

# DU UND DIE ANDEREN

## von Freundschaften und Feindschaften

### WARUM HABEN WIR ÜBERHAUPT FREUNDINNEN UND FREUNDE?

Menschen haben sich schon immer in Gruppen zusammengefunden, schon in der Steinzeit war das so. Das hat auch Sinn gemacht, da wir körperlich den meisten Tieren unterlegen sind. Gegen die Schnelligkeit eines Gepards, die Kraft eines Bären oder gar ein ganzes Löwenrudel hätten die meisten unserer Vorfahren alleine keine Chance gehabt, in der Wildnis zu überleben.

Und denk mal, wie lange ein Menschenkind schon braucht, bis es selbstständig laufen, Gefahren erkennen oder kämpfen kann … Da benötigt es schon eine ganze Sippe, um dieses kleine hilflose Wesen zu beschützen und zu ernähren.

Dass wir heute also versuchen, Teil einer Gruppe zu sein, liegt uns schon seit Jahrtausenden in den Genen und hat unsere Spezies vor dem Aussterben bewahrt.

**WUSSTEST DU DAS?**

Hast du schon mal gegähnt, nur weil eine andere Person gegähnt hat, oder hast du Hunger bekommen, weil jemand neben dir isst? Auch dieses Phänomen stammt aus den Anfangszeiten der Menschheit. In einer Sippe mussten nämlich alle ungefähr zur gleichen Zeit müde werden oder Hunger bekommen, sonst wäre man als Gruppe ja nicht besonders weit gekommen, wenn immer irgendwer ein Schläfchen gehalten oder eine Futterpause eingelegt hätte, wie es ihm oder ihr gerade passte …

# WARUM FREUNDINNEN UND FREUNDE SO WICHTIG SIND

Für kleine Kinder sind die Personen am allerwichtigsten, die für sie sorgen, also meist die Eltern. Ist ja auch logisch, schließlich müssen Kinder erst einmal all das lernen, was zum Menschsein dazugehört: wie man isst, wie man miteinander umgeht, wie man sich sicher bewegt, wie man sich durchsetzt … Das schauen sie sich bei Mama, Papa, Erzieherinnen, Erziehern und älteren Geschwistern ab, weil die das einfach besser können als Gleichaltrige.

Wenn aus einem Kind ein Teenager wird, verändert sich das. Nach und nach werden andere Menschen im gleichen Alter immer wichtiger. Es gibt Wissenschaftler, die sagen, dass ab etwa neun Jahren der Einfluss der Eltern rasant abnimmt, während der Einfluss der Freundinnen, Freunde, Leute aus der Klasse und insgesamt Gleichaltrigen zunimmt. Es geht immer mehr darum, selbstständig zu werden und miteinander zu entdecken, wie und wer man sein möchte.

Meine wichtigsten Freundinnen und Freunde sind im Moment:

30. Juli

**WUSSTEST DU DAS?**

Es gibt einen eigenen Tag der Freundschaft. Der 30. Juli ist so ähnlich wie ein Valentinstag für Freunde. Die meisten Leute feiern ihn leider nicht, aber eigentlich wäre dieser Tag doch eine prima Gelegenheit, einfach mal DANKE zu sagen.

# ZIEMLICH BESTE FREUNDINNEN UND FREUNDE ... ALSO, MEISTENS

## vom streiten und versöhnen

Wer glaubt, dass gute Freundinnen und Freunde niemals streiten sollten, der vergisst, wie unterschiedlich Menschen sind und wie schwierig es manchmal ist, sich gegenseitig zu verstehen.

Streiten kann sogar richtig gut sein für eine Freundschaft, weil du deine Grenzen klarmachst und etwas über dich und deine Freundin oder deinen Freund dazulernen kannst.

Außerdem übt man gerade in deinem Alter ganz wichtige Dinge fürs spätere Leben. Den eigenen Standpunkt zu verteidigen gehört dazu. Es wäre also eigentlich furchtbar, wenn du Streiten nicht üben würdest.

Trotzdem tut es manchmal ganz schön weh, wenn es so richtig gekracht hat, stimmt´s?

# WAS DU TUN KANNST, WENN DU MIT FREUNDINNEN ODER FREUNDEN STREIT HAST:

**1. Nimm dir Zeit, darüber nachzudenken, worum genau es geht.**
Warum bist du sauer oder verletzt?
Warum ist der oder die andere sauer oder verletzt?

**2. Such das Gespräch, ohne beleidigend zu werden.**
Verwende Ich-Sätze, anstatt die andere Person zu beleidigen. Du sagst also besser so etwas wie: »Ich bin traurig, weil ICH das Gefühl habe, dass niemand zu mir hält.« Anstatt: »Ich finde es total doof von dir, dass nicht mal DU zu mir hältst!«

**3. Hör gut zu.**
Vielleicht war alles nur ein Missverständnis? Oder vielleicht ist alles nur halb so schlimm? Das wirst du nur erfahren, wenn du genau hinhörst, anstatt nur deine Wut rauszulassen.

**4. Sprich niemals schlecht über den oder die andere mit anderen Freundinnen und Freunden.**
Ganz schlechte Idee: lästern, weil du wütend bist! Erstens steigerst du dich dann viel zu sehr rein, zweitens ist das ganz schön gemein, und drittens denken dann vielleicht auch die anderen, dass du schlecht über sie reden könntest hinter ihrem Rücken, wenn ihr mal Streit habt.

**5. Jeder braucht die Zeit, die er eben braucht.**
Dränge deine Freundin oder deinen Freund nicht. Es ist ganz unterschiedlich, wie lange Menschen brauchen, um sich nach einem Streit zu beruhigen.

## ZEIG MIR DEINE FREUNDE ...

Kennst du den Spruch »Zeig mir deine Freunde und ich sag dir, wer du bist«? Natürlich klappt das nicht wirklich, denn bestimmt hast du ganz unterschiedliche Freundinnen und Freunde, die dir teilweise auch gar nicht so sehr ähneln. Aber die Art, wie du Freundschaften führst, die kann viel mehr über dich aussagen, als du vielleicht denkst.

## WAS BEDEUTET DAS EIGENTLICH, WENN ICH ...

### ... nur eine beste Freundin oder einen besten Freund habe?

Vermutlich ist es dir sehr wichtig, dass ihr euch richtig gut kennt und euch hundertprozentig vertrauen könnt. Solche Freundschaften brauchen sehr viel Pflege und man findet sie nicht so einfach. Deshalb ist es ganz logisch, dass du dich nicht mit allzu vielen Freundinnen und Freunden umgibst, das wäre schließlich viel zu anstrengend.

### ... mehr männliche als weibliche Freunde und Freundinnen habe?

Normalerweise freunden wir uns mit Menschen an, die irgendetwas mit uns gemeinsam haben. Diese Gemeinsamkeit kann auch darin bestehen, ein Mädchen zu sein. Aber gibt es nicht auch ganz viele andere verbindende Dinge? Vielleicht hast du einen Humor, den eher die Jungs in deinem Umfeld verstehen, oder ein Hobby, das nicht so viele Mädchen machen? Was auch immer deine persönliche Verbindung zu deinen männlichen Freunden ist: Lass dich niemals durch Sprüche verunsichern! Dass du mit Jungs befreundet bist, sagt nämlich vor allem eines über dich aus: dass du dich nicht von Oberflächlichkeiten davon abhalten lässt, einen Menschen zu mögen.

### ... gaaaaanz viele Freundinnen und Freunde habe?

Du bist vermutlich ein sehr geselliger Mensch, der Kraft schöpft aus der Begegnung mit anderen. Durch die vielen verschiedenen Freundinnen und Freunde um dich herum bist du selten alleine und bekommst durch die Geschichten, Eigenschaften und Gedanken deiner Freundinnen und Freunde ganz verschiedene eigene Ideen. Die Menschen um dich herum machen dein Leben und dein Inneres kunterbunt.

### … Freundinnen und Freunde gar nicht so wichtig finde?

Jeder Mensch braucht Verbindungen zu anderen Menschen. Wahrscheinlich hast du also schon starke Bindungen innerhalb deiner Familie oder durch ein Hobby? Das ist total in Ordnung, solange es dir gut damit geht. Wichtig ist nur, dass du einen sicheren Ort kennst, an dem sowohl deine Sorgen als auch deine Freude einen Platz finden.

### … ganz unterschiedliche Freundinnen und Freunde habe?

Machst du dir Gedanken, dass deine Freundinnen und Freunde sich vielleicht gar nicht so gut verstehen, wenn sie sich treffen, weil sie so verschieden ticken? Dann bist du vermutlich ein Mensch, der sehr vielseitig ist. Du trägst ganz unterschiedliche Anteile in dir, und jeder deiner Lieblingsmenschen passt zu mindestens einem dieser Anteile. Mach dir keine Gedanken. Das geht vielen Menschen so. Genau weil du so vielseitig bist, finden deine Freundinnen und Freunde dich vermutlich so interessant!

### … noch nicht die eine beste Freundin oder den einen besten Freund gefunden habe, die oder den ich gerne an meiner Seite hätte?

Manche Menschen haben schon gefühlt seit ihrer Geburt eine beste Freundin oder einen besten Freund. Andere finden diese eine besondere Person erst später im Leben, wenn sie studieren oder arbeiten. Also mach dir keine Sorgen. Irgendwo da draußen ist ein ganz besonderer Mensch, der auch gerade an dich denkt und darauf wartet, dich endlich kennenzulernen. Vielleicht kennst du sie oder ihn ja auch schon und ihr habt euch nur noch nicht so richtig bemerkt?

### … ganz viele Leute kenne, die mit mir befreundet sein wollen?

Es gibt Eigenschaften, die für viele Menschen angenehm sind. Wahrscheinlich hast du eine oder mehrere dieser Eigenschaften, die dafür sorgen, dass andere sich wohlfühlen in deiner Nähe.

Vor allem Menschen mit ganz viel Lebensfreude und Humor sind sehr beliebt, weil ihre positive Art ansteckend ist. Wichtig: Wenn es dir zu viel wird mit all den Verabredungen, darfst du ruhig auch mal Nein sagen und dich auf die Freundinnen und Freunde konzentrieren, in deren Nähe DU dich besonders wohlfühlst.

## ZEHN FRAGEN FÜR BESTE FREUNDINNEN UND FREUNDE, DIE EUCH NOCH FESTER ZUSAMMENSCHWEISSEN

Ihr glaubt, ihr wisst schon alles übereinander? Vielleicht ja doch noch nicht ... Hier kommen zehn Fragen, mit deren Hilfe ihr euch und eure Freundschaft noch besser kennenlernt. Am besten antwortet ihr immer beide. Vielleicht habt ihr ja ganz unterschiedliche Antworten?

1. Kannst du dich noch daran erinnern, was du über mich gedacht hast, als wir uns zum ersten Mal getroffen haben?

2. Wenn wir beide richtig alt und faltig sind – über welche Geschichte, die wir erlebt haben, werden wir uns dann immer noch richtig schlapp lachen?

3. Wenn wir zusammen in eine WG ziehen würden nach der Schule, wie sähe die aus? Wie würden wir die Wände streichen? Welche Möbel hätten wir?

4. Was würdest du am meisten vermissen, wenn ich für ein Jahr nach Australien ziehen müsste?

5. Wie möchtest du getröstet werden, wenn du traurig bist?

6. Wie würdest du mich beschreiben mit nur drei Wörtern?

7. Wie sieht für dich ein total perfekter Tag mit mir aus?

8. Wovor hast du Angst und was hilft dir gegen das Gefühl?

9. Gibt es ein Lied, das dich an uns erinnert?

10. Wenn du auf meiner Hochzeit eine Rede halten müsstest, was würdest du der Person, die mich ein ganzes Leben lang aushalten muss, sagen?

**»FREUNDSCHAFT IST EINE TÜR ZWISCHEN ZWEI MENSCHEN. SIE KANN MANCHMAL KNARREN, SIE KANN KLEMMEN, ABER SIE IST NIE VERSCHLOSSEN.«**

Balthasar Gracián y Morales
(spanischer Schriftsteller, der vor etwa 400 Jahren lebte)

# HILFE, ICH WERDE GEMOBBT!

Nicht alle Menschen in deinem Umfeld sind Freundinnen und Freunde. Im besten Fall sind all die Menschen, mit denen du keine enge Verbindung hast, halt einfach da und ihr respektiert euch. Doch leider ist das nicht immer so. An Schulen, in Cliquen, Sportvereinen, Familien oder an ganz anderen Orten, an denen Menschen zusammenkommen, gibt es manchmal auch Mobbing.

Das Wort kommt aus dem Englischen und bedeutet »demütigen, belästigen«. Es wird im Deutschen genutzt, um auszudrücken, dass jemand von einer oder mehreren Personen über einen längeren Zeitraum schlecht behandelt, beleidigt oder geärgert wird. Ganz besonders ausweglos erscheint die Lage, wenn die Person, die gemobbt wird, der Situation nicht entkommen kann. Zum Beispiel, weil das Mobbing in der Schule stattfindet. Denn dort MUSS man ja hingehen.

Beispiele, wie Mobbing aussehen kann:

- körperliche Gewalt
- Erpressen
- Tuscheln und Lästern über eine Person
- Abwerten einer Person
- Schulranzen auskippen
- Auslachen / lächerlich machen
- beleidigende Wörter und Spitznamen
- ständige gemeine Scherze über eine Person
- ständiges Ausschließen

**GANZ WICHTIG!!!**

Wenn du gemobbt wirst, ist das nicht deine Schuld! Niemand hat das Recht, schlecht mit dir umzugehen! Du wirst Hilfe brauchen, um das zu beenden. Mobbing hört nicht einfach so auf, sondern wird oft immer schlimmer.

## WARUM MOBBEN MENSCHEN?

Menschen, die ausreichend geliebt, umsorgt und verstanden werden und mit sich selbst gut klarkommen, mobben niemanden. Vielleicht machen sie mal kurz, ohne nachzudenken, etwas Gemeines, aber es wird ihnen ganz schnell bewusst, dass das nicht in Ordnung ist. Wenn Kinder oder Jugendliche dauerhaft mobben, kannst du also davon ausgehen, dass sie ein riesiges Problem mit sich selbst haben und eigentlich dringend Hilfe benötigen.

## WAS KANN ICH TUN, WENN ICH GEMOBBT WERDE?

Such nie die Schuld bei dir selbst! Natürlich bist du nicht perfekt, das ist keiner. Aber ganz egal, wie du bist, wie du aussiehst, was du magst, schlecht kannst oder was anders an dir ist als bei anderen: Du verdienst Respekt! Immer! Denn man kann auch ordentlich mit dir darüber sprechen, wenn man Schwierigkeiten mit dir hat.

Halt bitte nicht einfach nur aus. Denn selbst wenn das Mobbing nur gemein und nicht körperlich gewalttätig ist, ist es gefährlich für dich. Es kann deine Seele krank machen. Deshalb ist es sehr wichtig, dass du dir Hilfe suchst. Du kannst dieses Problem wahrscheinlich nicht alleine lösen.

## HILFE BEKOMMST DU BEI …

### … Erwachsenen, denen du vertraust

Wende dich an eine Vertrauenslehrerin oder einen Lehrer, deine Eltern oder an andere Personen in deinem Umfeld, die für dich da sind.

### … der Nummer gegen Kummer

Montags bis samstags zwischen 14 Uhr und 20 Uhr kannst du unter der Nummer 116 111 anrufen und nach Rat fragen. Du brauchst dort niemandem zu sagen, wer du bist.

### … dem Krisenchat

Hier bekommst du rund um die Uhr Hilfe per Chat. Du kannst dir aussuchen, ob du per WhatsApp oder SMS chatten möchtest. Mehr Infos bekommst du unter www.krisenchat.de

## WAS DU TUN KANNST, WENN ANDERE GEMOBBT WERDEN

Am besten suchst du dir Verbündete, denen auch auffällt, dass da etwas schiefläuft. Das können zum Beispiel Leute aus deiner Klasse oder auch Lehrerinnen oder Lehrer sein. Gemeinsam seid ihr stärker und könnt den oder die Mobber zur Rede stellen und sie darauf hinweisen, dass dieses Verhalten nicht okay ist.

Ganz besonders wichtig ist es aber auch, der gemobbten Person beizustehen und ihr zu sagen, dass sie keine Schuld daran hat, dass sie so behandelt wird. Helft ihm oder ihr, einen Erwachsenen zu finden, der helfen kann.

## IST DAS SCHON MOBBING ODER NUR EIN DOOFER WITZ?

Das ist oft gar nicht so leicht zu unterscheiden. Manchmal meinen andere einen Spruch nämlich gar nicht so gemein, wie er bei uns ankommt. Frag im Zweifel am besten ganz direkt nach oder sag der Person, die einen Witz auf deine Kosten gemacht hat, dass du das nicht magst. Es haben nun mal nicht alle Menschen denselben Humor, und darüber darf und kann man immer sprechen.

# DU UND DAS HERZKLOPFEN

## Zum ersten Mal so richtig verliebt

Warst du schon mal verliebt? Oder fragst du dich, wie sich das anfühlt? Warum verlieben sich Menschen eigentlich überhaupt? Und verliebt sich jeder irgendwann?

Fragen über Fragen ...
Also lass uns den Dingen mal genauer auf den Grund gehen.

## WAS BEDEUTET ES ÜBERHAUPT, SICH ZU VERLIEBEN?

In jemanden verliebt zu sein, ist ein bisschen anders als »Freunde sein und sich mögen«. Natürlich mag man die Person, in die man sich verliebt hat, auch ganz besonders gerne. Zusätzlich werden aber vom Körper bestimmte Botenstoffe ausgesendet, die einen besonders glücklich und aufgeregt machen, wenn man an diese eine Person denkt, sie oder ihn sieht, hört, fühlt oder umarmt. Manche beschreiben dieses Aufgeregtsein wie Schmetterlinge im Bauch.

## WARUM VERLIEBEN SICH MENSCHEN ÜBERHAUPT?

Die Natur ist richtig klug und hat sich ganz schön viele Tricks ausgedacht, damit es uns gut geht und jede Spezies (also nicht nur Menschen, sondern auch alle Tier- und Pflanzenarten) besonders überlebensfähig sind. Das Verliebtsein der Menschen ist so ein Trick. Es bringt uns dazu, zusammenzuhalten, aufeinander aufzupassen, uns glücklich zu fühlen und auch, uns fortzupflanzen, also Kinder zu bekommen und gemeinsam großzuziehen, wenn wir das wollen.

## WAS PASSIERT IM KÖRPER, WENN WIR UNS VERLIEBEN?

Wenn du verliebt bist, passiert in deinem Körper richtig viel. Dein verliebtes Gehirn produziert am laufenden Band Glückshormone und lässt sie wie bunte Knallbrause durch deinen Körper sprudeln.

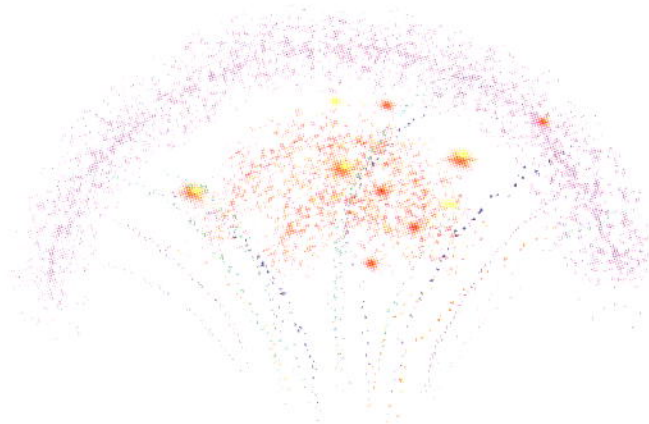

## WARUM WIR UNS MANCHMAL IN UNERREICHBARE MENSCHEN VERLIEBEN

Viele Jugendliche verlieben sich in Personen, die unerreichbar erscheinen oder tatsächlich unerreichbar sind. Zum Beispiel, weil sie sie gar nicht wirklich kennen, sie vom Alter gar nicht passen, berühmt sind oder schon eine Partnerin oder einen Partner haben. Wenn das bei dir der Fall ist, könnte das ein Zeichen dafür sein, dass du unterbewusst oder bewusst noch gar nicht bereit bist für eine echte Beziehung. Vielleicht möchtest du dich erst mal selbst in Ruhe an all die körperlichen und seelischen Veränderungen gewöhnen oder bist ganz gerne Single. Sich in einen »unerreichbaren« Menschen zu verlieben, garantiert, dass du trotz deiner Verliebtheit vorerst keine Partnerin und keinen Partner haben musst. So kannst du dich ganz entspannt an das Gefühl, verliebt zu sein, gewöhnen. Eigentlich ganz clever, auch wenn es manchmal wehtut, dass diese Liebe nicht wirklich gelebt werden kann.

## VERLIEBT IN EINEN STAR

Wenn du in einen Star verliebt bist, ist auch das vollkommen normal. Wahrscheinlich haben die meisten Menschen irgendwann im Leben mal von einer berühmten Person geschwärmt. Denn erstens haben Stars ja meist auch wirklich etwas sehr Interessantes an sich – sonst wären sie keine Stars. Und zweitens kann man bei einem Star leicht daran glauben, dass er oder sie perfekt sein könnte. Schließlich weiß man meist nur sehr wenig über die Person als Privatperson, man kann sie sich also so erträumen, wie man sich den idealen Partner oder die ideale Partnerin wünschen würde.

## FRAGEN IN SACHEN LIEBE, DIE DIR VIELLEICHT ANGST MACHEN (ABER KEINE ANGST MACHEN SOLLTEN)

### Wie geht Küssen?

Ganz bestimmt hat sich jeder Mensch diese Frage gestellt, bevor er oder sie das erste Mal jemanden richtig geküsst hat. Es ist ganz logisch, dass wir uns Gedanken machen, ob wir etwas können, wenn wir es noch nie gemacht haben. Aber du kannst dir sicher sein: Küssen ist etwas ganz Natürliches und wir machen ganz automatisch das Richtige. Solange du dir sicher bist, dass der oder die andere auch wirklich geküsst werden möchte, machst du sicher nichts falsch, wenn du einfach ganz sanft deine Lippen auf seine oder ihre Lippen legst und die Reaktion abwartest. Achte darauf, dass deine Lippen locker bleiben und du dich nicht verkrampfst, dann kann eigentlich gar nichts schiefgehen. Der erste Kuss muss ja auch nicht gleich ein filmreifer Hollywood-Knutscher werden …

### Was passiert, wenn ich jemandem sage, dass ich mich verliebt habe?

Das weiß man vorher nie. Vielleicht musst du das erst einmal aber auch gar nicht so genau sagen. Manchmal ist es schon ein guter erster Schritt, einfach nach einer Verabredung zu fragen. Wenn ihr Zeit zu zweit verbringt, wirst du schnell merken, ob die Person, die du magst, auch dich sehr gerne mag. Und wenn du dir darüber sicher bist, wird bestimmt nichts Schlimmes passieren, wenn du ehrlich sagst, was du dir wünschst. Du kannst nicht wissen, wie die Antwort ist, aber wenn ihr schon Vertrauen zueinander habt und euch gut kennt, wird er oder sie bestimmt nett mit dir und deinen Gefühlen umgehen.

### Ist es komisch, wenn ich noch nie verliebt war?

Überhaupt nicht! Jeder Mensch wird in seinem eigenen Tempo erwachsen. Das ist nicht nur okay, sondern gut so! Manche Menschen finden auch erst als Erwachsene eine Person, mit der sie sich eine Beziehung vorstellen können. Andere kommen ein Leben lang einfach sehr gut mit sich alleine zurecht und wollen gar keinen Partner und keine Partnerin. Das Schöne an der Liebe ist: Sie ist immer freiwillig. Also solltest du dich auch selbst zu gar nichts zwingen, was du nicht willst oder fühlst.

### Was, wenn ich anders über mich oder andere fühle als meine Freundinnen und Freunde?

Viele Menschen fühlen sich eindeutig wie ein Mädchen oder ein Junge und verlieben sich immer in Personen des jeweils anderen Geschlecht. All diese Menschen nennt man »heterosexuell«. Aber nur, weil die Menschen in deinem Umfeld alle heterosexuell sind oder zu sein scheinen, heißt das noch lange nicht, dass du genauso sein musst. Es gibt zum Glück so viele verschiedene Menschen, die so viele verschiedene Formen der Liebe leben! Wie man diese Formen der Liebe und die verschiedenen Geschlechteridentitäten nennt, erfährst du in dem Kapitel »Bunt wie ein Regenbogen« auf den nächsten Seiten.

### Was, wenn ich gar nicht weiß, ob ich verliebt bin?

Wenn du noch nie verliebt warst, ist es wahrscheinlich noch schwierig, sich den Unterschied zwischen »gerne mögen« und »verliebt sein« vorzustellen. Aber du wirst ihn definitiv bemerken, wenn es so weit ist. Um dir schon mal einen Eindruck zu geben: Wenn du andauernd an eine Person denken musst, ganz aufgeregt wirst in ihrer Nähe und du dir kaum ein schöneres Gefühl vorstellen kannst, als von ihr in den Arm genommen zu werden, dann hast du dich sehr wahrscheinlich verliebt.

# DIE LIEBE IST BUNT WIE EIN REGENBOGEN

Aufgepasst, jetzt wird es bunt! Und zwar so bunt wie ein Regenbogen … Der steht nämlich für die Freiheit, so zu sein, wie man ist, und ohne Angst genau die Menschen zu lieben, die man eben liebt.

Um zu verstehen, warum diese Freiheit so wichtig ist, musst du wissen, dass jeder Mensch einzigartig ist und auch auf ganz einzigartige Weise fühlt. Nicht jeder Mensch möchte sich zum Beispiel eindeutig einem Geschlecht zuordnen lassen und kann sagen: »Jepp, ich bin ganz klar ein Mädchen (oder ein Junge)!«

Wenn jemand die Abkürzung LGBTQIA+ benutzt, meint er oder sie damit alle Menschen, die sich nicht ganz eindeutig einem Geschlecht zuordnen wollen oder können und / oder sich nicht nur zu dem jeweils anderen Geschlecht hingezogen fühlen.

ABER WOFÜR STEHEN JETZT DIESE EINZELNEN BUCHSTABEN GENAU?

LGBTQIA+

L – Lesbian (auf Deutsch: lesbisch, homosexuell)

Das L steht für Mädchen oder Frauen, die sich ausschließlich zu Mädchen oder Frauen hingezogen fühlen.

G – Gay (auf Deutsch: schwul, homosexuell)

Das G steht für Jungen oder Männer, die sich ausschließlich zu Jungen oder Männern hingezogen fühlen.

B – Bisexual (auf Deutsch: bisexuell)

Das B steht für Menschen, die sich zu beiden Geschlechtern hingezogen fühlen, also sowohl männliche als auch weibliche Menschen als Partner oder Partnerin interessant finden.

### T – Transgender (genauso auf Deutsch)

Das T steht für alle, die sozusagen im falschen Körper geboren wurden. Es steht für Jungs, die in einem Mädchenkörper geboren sind, und Mädchen, die bei der Geburt als Junge galten. Das Geschlecht kann operativ und mithilfe verschiedener Hormone geändert werden. Doch nicht jede oder jeder Transgender möchte sich operativ oder hormonell umwandeln lassen, und selbst wenn, hat die Medizin Grenzen des Möglichen. Eine Frau, die als Mann geboren wurde, kann zum Beispiel nicht schwanger werden. Andersherum gibt es Männer, die im Körper einer Frau geboren wurden und somit theoretisch auch als Mann noch Kinder gebären könnten.

### Q – Queer/Questioning (es gibt keine eindeutige deutsche Übersetzung)

Das Q steht für zwei verschiedene Worte. Queer wurde früher als Schimpfwort für schwule und lesbische Menschen genutzt. Heute ist es kein Schimpfwort mehr, sondern wird als Sammelbegriff genutzt für alle Formen der Sexualität außer der heterosexuellen. Questioning steht für alle, die einfach auch selbst noch nach Antworten suchen, wie sie sich und ihre Gefühle einordnen.

### I – Intersexual/Intergender (deutsch: intergeschlechtlich)

Intersexualität bedeutet, dass eine Person keinem Geschlecht eindeutig zuzuordnen ist, was an ganz unterschiedlichen Gründen liegen kann. Ein intersexueller Mensch weist weibliche und männliche Merkmale auf und fällt somit in die Kategorie des Geschlechts »divers«, falls er sich nicht irgendwann im Leben klar für das Geschlecht männlich oder weiblich entschieden hat.

### A – Asexual/Agender (deutsch: asexuell oder agender)

Das A steht für zwei ganz verschiedene Eigenschaften. Asexuell zu sein bedeutet, keine sexuelle Anziehung zu irgendeinem Geschlecht zu fühlen oder insgesamt kein Interesse an Sex zu haben. Agender steht für Menschen, die sich nicht klar einem Geschlecht zuordnen lassen. Sie sind einfach sie selbst, ganz ohne in eine Mann-oder-Frau-Schublade zu passen.

+

Ganz wichtig: das Plus. Dieses Plus steht für alle, die sich weder als heterosexuell bezeichnen würden noch in irgendeine der Kategorien passen, die hier genannt wurden. Das Plus ist also eigentlich das allerallerwichtigste Zeichen in der Abkürzung LGBTQIA+, denn es sagt aus:

Niemand muss in eine Schublade passen. Du darfst sein, wie auch immer du bist, und deine Art zu fühlen und zu lieben ist nicht falsch!

## WIE SAGE ICH ANDEREN, DASS ICH NICHT HETEROSEXUELL BIN?

Weil es wirklich nicht ganz einfach ist, den anderen davon zu erzählen, dass man nicht heterosexuell ist, gibt es sogar ein eigenes Wort dafür: OUTING. Über Menschen, die offen sagen, dass sie nicht heterosexuell sind, sagt man, dass sie geoutet sind. Besonders Jugendliche tun sich mit diesem Outing aber oft ganz schön schwer, weil sie Angst haben, dass die anderen enttäuscht sind oder sie auslachen. Manche spielen den anderen jahrelang vor, dass sie heterosexuell sind, und führen sogar eine heterosexuelle Beziehung aus Angst vor der Reaktion der anderen. Wenn du dich in einer solchen Situation befindest, hilft es sehr, zumindest erst einmal eine wichtige Person in deinem Leben einzuweihen. Gemeinsam könnt ihr dann ganz in Ruhe überlegen, wie du auch dem Rest der Welt zeigen kannst, wer du bist und wen du liebst. Dieses eine Leben ist ein großes Geschenk, und du solltest es auf keinen Fall damit verbringen, anders sein zu wollen, als du bist, oder dich zu verstecken. Dafür bist du viel zu wertvoll!

## DARF JEDER MENSCH JEDEN MENSCHEN LIEBEN?

Ja, das darf man. Gefühle können nicht verboten werden. Aber in manchen Ländern ist es verboten, diese Liebe auszuleben.

Hier in Deutschland gibt es zum Glück ein Gesetz, das es verbietet, Menschen wegen ihrer sexuellen Orientierung schlechter zu behandeln als andere. Das Gesetz nennt man »Antidiskriminierungsgesetz«. Doch leider sieht es in der Realität auch hier oft noch anders aus. Deine Generation wächst zum Glück schon viel aufgeklärter und offener auf als die der jetzigen Erwachsenen.

**ABER (GANZ WICHTIG!):**
Es ist per Gesetz in Deutschland verboten, dass Erwachsene Sex mit Kindern haben. Ganz egal, um welche sexuelle Handlung es geht, und auch wenn das Kind Ja dazu gesagt hat, gilt es für den Erwachsenen (aber nicht für das Kind) IMMER als Straftat. Dieses Gesetz gibt es zum Schutz von Kindern.

# DU UND DAS NETZ

## Ich geh online, aber sicher

Jetzt haben wir uns schon viel mit der »realen« Welt beschäftigt. Die Welt, in der man sich mit seinem eigenen Körper bewegt und alles mit seinen eigenen Sinnen direkt wahrnimmt. Man nennt diese Welt die »analoge Welt«.

### WUNDERSAME DIGITALE WELT

Es gibt ja aber auch noch eine andere als die analoge Welt, nämlich die digitale, in der man Informationen herumschicken kann, ohne sich dafür mit seinem echten Körper bewegen zu müssen. In dieser Welt reicht schon ein Klick mit dem Finger, um zum Beispiel ein Bild von dir nach Australien zu schicken, und das auch noch in Bruchteilen einer Sekunde.

### MAL EBEN UM DIE WELT? KEIN PROBLEM!

Über eine Internetverbindung kannst du ganz ohne Zeitaufwand mal eben 18 000 Kilometer weit nach Neuseeland reisen, um zum Beispiel eine Mail (also einen digitalen Brief) abzugeben. Für dich ist das völlig normal, du bist damit aufgewachsen. Aber hätte das jemand deiner Uroma erzählt, als sie so alt war wie du, hätte die demjenigen bestimmt kein Wort geglaubt und ihn für vollkommen durchgeknallt gehalten.

Denn mit dem Segelschiff bräuchtest du für die Strecke Deutschland – Neuseeland – Deutschland selbst heute noch mehr als 40 Tage, wenn du analog reisen würdest. Und selbst mit dem Flugzeug wärst du etwa 50 Stunden nonstop unterwegs mit deinem Brief, bis du wieder zu Hause wärst.

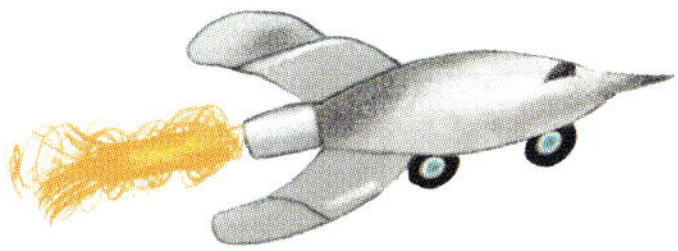

**GUT ZU WISSEN**

Kleiner Trick, um zu verstehen, ob etwas analog oder digital ist: Frag dich, ob du dieses Etwas per Mausklick ans andere Ende der Welt schicken könntest. Einen Konzertsaal mit Musikern kriegst du so eher nicht versendet. Das Konzert, die Musiker, der Saal und die Musik sind also analog. Aber eine Aufnahme von dem Konzert kannst du per Mail verschicken. Diese Aufnahme ist also digital.

# WIE EIN VIRUS DIE WELT NOCH DIGITALER GEMACHT HAT

Wie wichtig die digital vernetzte Welt ist, haben viele Menschen erst so richtig in der Corona-Pandemie gemerkt. Als wir uns während der Lockdowns alle nicht mit den echten Körpern treffen durften, war es großartig, trotzdem mit Menschen in Kontakt bleiben zu können. Erinnerst du dich? Wir saßen alle in digitalen Klassenräumen, unterhielten uns in Chats, machten Video-Calls oder besuchten digitale Veranstaltungen. Viele Politikerinnen und Politiker haben deshalb in dieser Zeit erst so richtig kapiert, dass die Schulen in Zukunft viel digitaler werden müssen. Andererseits haben aber auch viele Schülerinnen und Schüler und überhaupt ganz viele Menschen während der Pandemie gemerkt, wie wichtig ihnen die »echten« Begegnungen mit Menschen sind und dass es auf Dauer nerven kann, wenn alles nur noch digital ist.

Wie fändest du eine Schule, die immer nur digital wäre?

- [ ] Richtig cool! Den ganzen Tag allein im Bett zu chillen während des Unterrichts wäre voll mein Ding!
- [ ] Bloß nie wieder Homeschooling! Ich würde meine Freunde so sehr vermissen!!!

## ZUKUNFTSMUSIK

In der Zukunft wird die Welt wahrscheinlich noch viel digitaler werden, allerdings soll sich das dann echter anfühlen. Wissenschaftsteams arbeiten momentan viel an der sogenannten »Virtuellen Realität«, die abgekürzt wird mit »VR«. Mithilfe spezieller Brillen, Sensoren und Programmen erschaffen sie künstliche Welten, die sich richtig real anfühlen.

Wenn du erwachsen bist, kannst du dich wahrscheinlich in diesen künstlichen Welten mit Menschen treffen, die zu dem Zeitpunkt ganz weit weg sind, und es wird sich fast wie ein analoges Treffen anfühlen. Schon jetzt kannst du diese Technik ausprobieren. Es gibt zum Beispiel Freizeitparks, in denen du Achterbahn mit VR-Brille fahren kannst, oder Museen, in denen du schon mal ein bisschen in die Virtuelle Realität der Zukunft reinschnuppern darfst.

## AUCH DIGITAL MUSS MAN AUF SICHERHEIT ACHTEN

Wie toll das Internet ist, braucht dir keiner zu erzählen. Natürlich weißt du längst, wie gut es sich anfühlt, mit der ganzen Welt verbunden zu sein, ultraschnell Nachrichten zu versenden und die Antwort auf beinahe jede Frage ganz schnell bei Google zu finden.

Doch wie alles im Leben hat die digitale Vernetzung der Welt ihre Tücken. Denn auch wenn es sich so anfühlt, als seist du in der echten Welt in Sicherheit, während du im Netz surfst, kannst du dich irren. Es gelten zum Beispiel auch online Gesetze, und die zu brechen kann in deinem echten Leben Konsequenzen haben.

Welche das genau sind, welche Gefahren im Internet lauern, in welche Fallen du tappen kannst und wie du besonders sicher surfst, das erfährst du auf den nächsten Seiten.

# SICHERHEIT IM INTERNET

Im Internet ist sehr viel möglich, doch nicht alles ist erlaubt. Es gibt viele Gesetze, die regeln, was wer im Internet darf. Außerdem gelten auch die ganz normalen Gesetze, die es für dich und alle anderen außerhalb des Netzes gibt.

Das macht es für Kinder und Jugendliche ganz schön schwierig. Dich in der richtigen Welt zu bewegen, hast du mit deinen Eltern schließlich auch erst lange gemeinsam geübt. Niemals hätte man dich einfach so alleine eine große Straße überqueren lassen. Schon gar nicht, bevor du die wichtigsten Verkehrsregeln kanntest.

Deshalb ist es wirklich superwichtig, dass du mit deinen Eltern, Lehrerinnen oder Lehrern offen darüber sprichst, was du im Internet machst und was du dort erlebst. Denn wenn niemand mitbekommt, was du im Netz tust, und du gleichzeitig aber nicht alle Regeln kennst, kann das richtig gefährlich werden.

## WHATSAPP UND CO. – WAS DARAN TOLL IST (UND WAS NICHT SO)

Messengerdienste sind superpraktisch! Du kannst mit Freunden, deiner Familie oder in Gruppen Informationen austauschen und musst nicht jedes Mal anrufen. Das macht es einfach und mit all den Stickern und Smileys auch ziemlich lustig. Aber es gibt gute Gründe, weshalb WhatsApp eigentlich erst ab einem Mindestalter von 16 Jahren genutzt werden darf. Da das allerdings nicht geprüft wird, nutzen schon viele unter 16 den Dienst. Das finden Datenschützer und Kinderpsychologen nicht so toll. Hier sind einige der Gründe:

Auch bei WhatsApp gelten Gesetze, Rechte und Pflichten, die aber viele Kinder und Jugendliche gar nicht kennen (zum Beispiel das Recht auf das eigene Bild).

Über die App werden oft ganz gruselige und schlimme Kettennachrichten verschickt, die einem richtig Angst machen können.

In WhatsApp-Gruppen wird oft viel zu viel und vor allem viel Quatsch geschrieben. Es gibt auch Mobbing in WhatsApp-Gruppen.

WhatsApp kann wie alle Medien süchtig machen. Jedes Mal, wenn du eine Nachricht bekommst, werden Glückshormone ausgeschüttet. Je mehr du dich daran gewöhnst, desto häufiger möchtest du dieses Gefühl haben. Dann fällt es dir irgendwann ganz schwer, dein Handy mal nicht zu beachten.

In Gruppen kann jeder deine Nummer sehen. Datenschützer finden das richtig schlimm, weil du die Kontrolle darüber verlierst, wer deine Daten hat. Mit deiner Nummer kann man nämlich sehr viel Blödsinn anstellen, wie zum Beispiel Scherzanrufe (die meist kein bisschen witzig sind!).

Mit Fake-Profilfotos können dich irgendwelche Leute unter falschem Namen kontaktieren, ohne dass du weißt, wer wirklich dahintersteckt.

Du kannst dich vor all dem einigermaßen schützen, indem du sehr vorsichtig bist. Aber alles hast du auch dann nicht in der Hand. Am besten schlägst du deinen Kontakten sowie deiner Klasse einen geschützteren Messengerdienst vor und / oder ihr führt Regeln für Gruppenchats ein.

Welche Messengerdienst sicherer sind, erfährst du zum Beispiel unter **www.klicksafe.de**.

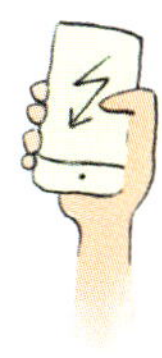

# STREITEN ÜBER WHATSAPP ODER SOCIAL MEDIA?

Hast du schon mal mit **Freundinnen und Freunden** oder in deiner Beziehung über WhatsApp oder Social Media gestritten? Damit bist du ganz und gar nicht alleine. Denn erstens kann man im geschriebenen Wort schnell mal was falsch verstehen (es entsteht also schnell mal ein Streit) und zweitens fühlt sich das Streiten per Nachrichten einfacher an als ein direktes Gespräch.

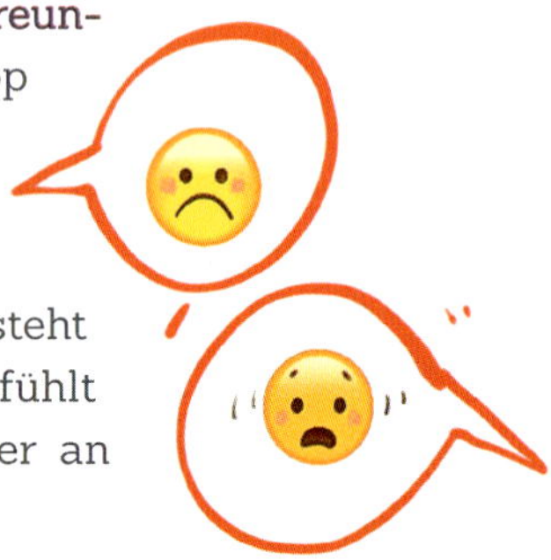

# WARUM STREITEN ÜBER DIGITALE KANÄLE TROTZDEM KEINE GUTE IDEE IST

Du ahnst es schon ... Natürlich ist es in Wirklichkeit kein bisschen einfacher, über Nachrichten oder einen Chat zu streiten. Warum?

1. Dir fehlen wichtige Informationen, zum Beispiel der Gesichtsausdruck, die Betonung, die ganze Stimmung der anderen Person, um die Lage einschätzen zu können.
2. Das ist alles viel zu schnell!!! Müsstest du erst einmal eine Jacke anziehen, zu der Person laufen und an der Tür klingeln, wäre die Hälfte deines Ärgers längst verflogen. Das wäre vermutlich auch besser so.
3. Mitgefühl ist schwierig auf Entfernung. Du wirst nicht mal sehen, ob der / die andere weint, erschrocken ist oder grade eh schon nicht so gut drauf ist.

Also, auch wenn es schwerfällt:

Ich glaube, wir sollten das lieber persönlich klären. Wo treffen wir uns?

# CYBERMOBBING

Du erinnerst dich an die Seiten über Mobbing? Mobbing kann ganz verschieden aussehen, aber ganz besonders hässlich zeigt es sich oft im Internet. Es ist nämlich sehr viel einfacher, fiese Beleidigungen als Kommentar oder Nachricht zu schreiben, als sie persönlich zu einer Person zu sagen. Erst recht, wenn man nicht preisgeben muss, wer man selbst ist. Ganz schön feige, oder?

## HETZE UND MOBBING IM INTERNET BLEIBEN OFT NICHT FOLGENLOS

Was viele gar nicht wissen: Cybermobbing (also Mobbing im Internet) ist eine Straftat und wird von speziellen Abteilungen der Polizei verfolgt. Bei Kindern und Jugendlichen gilt zwar noch das etwas mildere Jugendstrafrecht, aber auch für Leute in deinem Alter wird es sehr unangenehm, wenn sie angezeigt oder beim Cybermobbing erwischt werden.

Wie kann Cybermobbing aussehen?

- Unerlaubtes Veröffentlichen von Informationen über eine Person, die niemanden etwas angehen
- Bedrohungen im Internet
- Posten von peinlichen Fotos der Person ohne Erlaubnis
- Lächerlichmachen einer Person
- beleidigende Kommentare
- Rassismus
- Ausschluss aus Gruppen
- und vieles mehr

# ACHTUNG, AUCH STRAFBAR: DAS DARFST DU NIEMALS TUN IM NETZ

Es gibt wirklich sehr viele Dinge, die du im Netz auf keinen Fall tun solltest. Hier sind einige der Wichtigsten:

### 1. Videos und Songs downloaden, für die du nicht bezahlt hast

Auch im Netz muss für Kunst bezahlt werden. Du darfst dir nur lizenzfreie Musik / Videos / Bücher downloaden. Schade, aber wahr: Berühmte Songs und Videos sind fast nie lizenzfrei oder kostenlos.

### 2. Selbstgefilmte Videos von Konzerten teilen

Mach das bloß nicht, denn es ist verboten. Manche Konzertveranstalter durchsuchen das Netz richtig nach solchen Videos.

### 3. Login-Daten von Bezahldiensten weitergeben

Achtung: Die Weitergabe deines Passworts (zum Beispiel für Netflix oder Spotify) kann richtig teuer werden!

### 4. Öffentlich GIFs teilen

Das ist nicht erlaubt, außer du hast sie selbst erstellt, bzw. die Erlaubnis der Person eingeholt, die das GIF gemacht hat.

### 5. Einen Fake-Account anlegen

Es wäre lustig, mal auf Instagram so zu tun, als wäre man der Bundeskanzler, deine Lieblingssängerin oder auch deine Cousine? Tu das bloß nicht, denn Fake-Accounts zu erstellen und zu nutzen ist strafbar!

### 6. Lästern

Öffentliches Lästern im Netz gilt als Cybermobbing und wird strafrechtlich von speziellen Polizei-Abteilungen für Cyberkriminalität verfolgt.

### 7. Lügen

Selbst wenn du dir nur einen Scherz erlauben willst … Sollte es blöd laufen, bekommst du richtig große Probleme, wenn du im Netz Lügen verbreitest.

### 8. Fremde Bilder einfach benutzen

Bilder, die andere erstellt haben, müssen immer erst bezahlt oder angefragt werden, bevor man sie benutzen darf, außer sie sind ausdrücklich von einer Seite, der du vertrauen kannst, zur freien Verwendung bestimmt.

### 9. Ohne Erlaubnis Fotos teilen, auf denen andere Leute zu sehen sind

Auch im Internet gilt das Recht am eigenen Bild. Niemand darf einfach ein Bild hochladen, auf dem eine andere Person zu sehen ist, die dem Posten des Bildes nicht zugestimmt hat. Es gibt nur ganz wenige Ausnahmen. Solange man die nicht kennt, einfach besser ganz lassen.

### 10. Fotos von dir oder anderen teilen, auf denen sehr viel Haut gezeigt wird

Bei Personen unter 14 Jahren musst du ganz besonders vorsichtig sein mit Bildern. Wenn auf diesen viel nackte Haut zu sehen ist, dürfen diese Bilder auf gar keinen Fall gepostet oder weitergeleitet werden. Selbst der Besitz solcher Fotos kann schon strafbar sein, weil es zu ihrem Schutz in den meisten Fällen nicht erlaubt ist, Kinder nackt auf Fotos und Videos zu zeigen.

### 11. Einfach in fremde Mailaccounts oder Chats reinschauen

Die Privatsphäre ist auch online geschützt. Genauso wie es verboten ist, fremde Briefumschläge zu öffnen, darfst du auch nicht in fremden Nachrichten oder Accounts rumschnüffeln, auch wenn das Passwort easy zu knacken ist.

### 12. Gewaltaufrufe

Es ist verboten, im Netz zu jeglicher Form von Gewalt, Mobbing oder Benachteiligung aufzurufen. Ein Kommentar wie »Der sollte mal verhauen werden« wäre strafbar.

### 13. Gewaltvideos

Teile niemals ein Video oder ein Bild, auf dem Gewalt gegen einen Menschen oder ein Tier zu sehen ist.

### 14. SMS-Bomben

Es gibt im Internet Möglichkeiten, einer Person eine Million SMS zu schicken. Was lustig klingt, ist eine Straftat, also bloß nie machen. Meist blockieren SMS-Bomben die ganze Handyverbindung, was besonders bei einem Notfall furchtbar wäre, weil die Person mit dem Handy nicht mal mehr einen Krankenwagen rufen könnte.

### 15. Alles, was in der echten Welt verboten ist

Denn das deutsche Strafrecht macht keinen Unterschied zwischen dem realen und dem virtuellen Raum.

# DU UND DAS GLÜCK

Wie geht Glücklichsein?

## WAS IST GLÜCK ÜBERHAUPT?

Es ist gar nicht so einfach, Glück zu erklären, weil es ganz unterschiedlich sein kann und für jeden etwas anderes bedeutet. Das Wort Glück existiert schon viele Hundert Jahre und stammt von dem alten Wort »Gelucke« ab, was »gutes Gelingen« bedeutete.

Heute würde vermutlich jeder etwas anderes darauf antworten, was Glück für ihn ist. Wie ist das bei dir?

Glück ist für mich, ...

- [ ] dass sich alles perfekt anfühlt für einen Augenblick
- [ ] dass ich habe, was ich brauche
- [ ] einfach Spaß zu haben
- [ ] zu wissen, dass ich wertvoll bin
- [ ] wenn ich einfach nur platzen könnte vor Freude
- [ ] Freunde zu haben, die mich so mögen wie ich bin
- [ ] »Gelucke«, also gutes Gelingen, trifft es eigentlich gut
- [ ] ______________________________

# BESONDERS GLÜCKLICHE MENSCHEN

Auch wenn Glück immer eher eine Momentaufnahme ist, fühlen sich manche Menschen insgesamt im Leben eher glücklicher und zufriedener als andere. Es gibt viele Wissenschaftsteams, die erforschen, was Menschen zu besonders glücklichen Menschen macht. Mehr dazu erfährst du auf der nächsten Seite.

**SCHON GEWUSST?**

Laut Umfrage fühlen sich Menschen aus Skandinavien (also zum Beispiel aus Finnland, Island und Dänemark) besonders glücklich. In Deutschland sind wir nur so halbgut im Glücklichsein. 2022 kamen wir aber immerhin auf Platz 17 der Glücksländer.

# FÜNF DINGE, DIE DIE WISSENSCHAFT ÜBER GLÜCK HERAUSGEFUNDEN HAT

1. Glück kann man nicht kaufen? Stimmt nicht! Wer sein Geld für schöne Erlebnisse und Erfahrungen ausgibt anstatt für Dinge, wird laut verschiedener Studien glücklicher. Übrigens außerdem klüger ... Also her mit den schönen Erlebnissen!

2. Helfen macht glücklich! Um ganz genau zu sein: Geben macht sogar noch glücklicher als Bekommen. Wenn wir Menschen etwas Gutes tun, ihnen unsere Zeit, etwas Schönes oder einfach nette Worte schenken, schütten wir sogenannte Glückshormone aus, tun uns also auch selbst etwas Gutes.

3. Glücklichsein ist Liebe. Laut den beiden berühmten Glücksstudien »The Glueck Study« und »The Grant Study« macht uns vor allem eines glücklich: Liebe. Und dabei ist es eigentlich vollkommen egal, wen man liebt und von wem man geliebt wird (auch Eltern, Geschwister, Freundinnen und Freunde zählen). Hauptsache, man spürt Wärme und Liebe in seinem Leben.

4. Glück macht gesund! Menschen, die mit 50 Jahren in einer Studie sagten, dass sie ganz besonders glücklich seien, waren 30 Jahre später gesünder als die anderen. Sie lebten im Durchschnitt dadurch länger und konnten ihr glückliches Leben so richtig schön lange genießen.

5. Vergleichen macht unglücklich! Wer zum Thema Glück forscht, erfährt auch manches über Unglück. Ein ziemlich sicherer Weg, um unglücklich zu werden, ist laut Forschungsteams der Vergleich. Wenn Menschen neidisch sind auf das Geld, das Aussehen oder den Erfolg anderer Menschen, steht das dem eigenen Glück im Wege. Au Backe!

## WARUM ES SCHLECHT WÄRE, WENN DU IMMER NUR GLÜCKLICH WÄRST

Ganz gleich, was Glück für einen Menschen bedeutet, IMMER glücklich ist kein Mensch. Das geht schon deshalb nicht, weil man dann ja gar nicht mehr merken würde, dass man glücklich ist.

In einem Land, in dem zum Beispiel jeden Tag tolles Wetter ist, stehen die Bewohner morgens sicher nicht auf und schreien freudig: »Mensch, wie cool! Die Sonne scheint mal wieder!« Ist ja schließlich normal dort, also kein Grund, vor Freude auszurasten.

Um Glück zu bemerken, müssen wir also auch Unglück oder zumindest nicht ganz so glückliche Zeiten kennen.

**EXTRATIPP: FÜHRE EIN GLÜCKSTAGEBUCH**

Um ihr eigenes Glück besser zu spüren, führen viele Menschen ein Dankbarkeitstagebuch. Sie schreiben darin jeden Tag Dinge auf, für die sie dankbar sind. Der Gedanke dahinter ist: Glück macht nur dann glücklich, wenn man es auch bemerkt.

> »Nicht die Glücklichen sind dankbar. Es sind die Dankbaren, die glücklich sind.«
>
> Sir Francis Bacon
> (englischer Philosoph, der von 1561 bis 1626 gelebt hat)

# DREI SOS-MASSNAHMEN GEGEN STIMMUNGSTIEFS

Na, heute mit so richtig mieser Laune unterwegs? Kein Ding! Denn erstens ist schlechte Laune total erlaubt und zweitens gibt es Wege, wie du da wieder rauskommst, wenn du dich ausgemuffelt hast und lieber wieder glücklicher sein möchtest.

## DIESE TRICKS HELFEN DIR AUS DEM GRUMMELTIEF:

### 1. Schick deinen Körper voran

Niedergeschlagene Menschen lassen ihre Muskeln ganz locker und kraftlos rumhängen, denn in so einem Körper fühlt sich die miese Laune so richtig wohl. Du kannst sie aber leicht vertreiben, indem du deinen Körper aufrichtest und die Schultern nach hinten ziehst. Tiefes Atmen nicht vergessen! Das klingt viel zu einfach? Stimmt! Aber es ist wissenschaftlich bewiesen, dass es trotzdem wirkt!

### 2. SMILE!

Hast du schon mal von dem Bleistifttrick gehört? Wenn du dir quer zwischen deine Mundwinkel einen Stift klemmst, sodass du automatisch lächelst, werden von deinem Gehirn Glücksbotenstoffe ausgesendet. Warum? Weil dein Körper denkt: »Hä? Die lächelt? Äh, dann haben wir wohl gute Laune … Na gut!«

Einfach so lächeln geht natürlich genauso gut, falls du das kannst …

### 3. Glückliche Menschen machen glücklich

Kennst du einen Menschen, der meistens vor guter Laune sprüht? Na, dann nichts wie hin zu diesem Glückskind (oder wenigstens zum Telefon, um ihn oder sie anzurufen). Studien zeigen nämlich, dass glückliche Menschen glücklich machen. Wenn dir niemand einfällt, hilft übrigens auch die Natur. Im Grünen fühlen sich Menschen laut Umfragen am glücklichsten.

# DU UND DIE WELT

## Was ist deine Vision?

Klar, du bist noch nicht mal richtig erwachsen … Aber vielleicht hast du ja trotzdem schon mal darüber nachgedacht, was du in der Welt gerne verändern würdest. Wenn ja, was wäre das?

Wofür würdest du dich gerne engagieren?

- [ ] Umweltschutz
- [ ] Kinderrechte
- [ ] gegen Rassismus
- [ ] Tierschutz
- [ ] für den Frieden
- [ ] 

Falls du noch nicht weißt, was genau dir besonders wichtig ist, ist das gar nicht schlimm. Eines Tages wird dir bestimmt ein Thema begegnen, das dir sehr am Herzen liegt.

Aber wie kann man überhaupt etwas bewirken, wenn man noch gar nicht erwachsen ist? Ein sehr kluger Mann (Mahatma Gandhi, der Anführer der indischen Unabhängigkeitsbewegung im 20. Jahrhundert) hat mal gesagt: »Sei du selbst die Veränderung, die du dir für die Welt wünschst!« Das ist ein toller Ratschlag, denn überleg mal, was passieren würde, wenn das jeder täte …

Es kann auch richtig viel bringen, sich mit anderen zusammenzuschließen. Weltweit gehen zum Beispiel Millionen Menschen zu Klimastreiks, die die Organisation »Fridays for future« regelmäßig organisiert. Und das alles passiert nur, weil irgendwann ein einziges schwedisches Mädchen damit angefangen hat, freitags zu streiken …

## »FALLS DU GLAUBST, DASS DU ZU KLEIN BIST, UM ETWAS ZU BEWIRKEN, DANN VERSUCHE MAL ZU SCHLAFEN, WENN EINE MÜCKE IM RAUM IST.«

Dalai Lama
(geistliches Oberhaupt der Tibeter, er wird von vielen Menschen der Welt als sehr klug und weise angesehen)

## JUNGE AKTIVISTINNEN, DIE ZEIGEN, DASS MAN NIEMALS ZU KLEIN ODER ZU JUNG IST ...

Es gibt richtig viele noch sehr junge Aktivistinnen und Aktivisten, also Menschen, die sich auf ganz unterschiedliche Art für eine Sache einsetzen. Hier sind drei Beispiele, die dir zeigen: Du bist nie zu jung, um richtig viel bewegen zu können:

### 1. Greta Thunberg

Greta Thunberg war gerade einmal 15 Jahre alt, als sie mit ihren Klimastreiks begann, weil sie fand, dass Politikerinnen und Politiker den Planeten besser schützen müssten. Bereits ein Jahr später streikten weltweit 1,4 Millionen Menschen gemeinsam mit ihr. Greta Thunberg wird von der Politik so ernst genommen, dass sie sogar zum UN-Klimagipfel in die USA eingeladen wurde, um dort eine Rede vor vielen sehr einflussreichen Menschen zu halten. Aus Umweltschutzgründen segelte Greta über den Atlantik dorthin, anstatt zu fliegen. Das dauerte etwa zwei Wochen.

### 2. Malala Yousafzai

Mit 17 Jahren erhielt Malala Yousafzai als jüngste Nobelpreisträgerin aller Zeiten den Friedensnobelpreis. Sie hatte sich – schon seit sie elf Jahre alt war – dafür eingesetzt, dass überall auf der Welt auch Mädchen zur Schule gehen dürfen. In der Gegend von Pakistan, in der Malala aufwuchs, wurde dies wie an vielen anderen Orten der Welt nämlich verboten. Dort gleiche Rechte für Frauen und Mädchen zu fordern und einfach trotz des Verbots zur Schule zu gehen, war für Malala lebensgefährlich. Sie tat es trotzdem.

### 3. Melati und Isabel Wijsen

Melati und Isabel waren zehn Jahre und zwölf Jahre alt, als sie anfingen, auf der Insel Bali für weniger Plastikmüll zu kämpfen. Die Insel ist traumhaft schön, aber jedes Jahr landete dort tonnenweise Einwegplastik im Meer. Die Schwestern waren so erfolgreich mit ihrem Anliegen, dass seit 2019 Einwegplastiktüten auf Bali komplett verboten sind.

## DIE WELT IST MANCHMAL UNGERECHT – WAS IST DISKRIMINIERUNG?

Wusstest du, dass über 800 Millionen Menschen auf der Welt Hunger leiden, obwohl es genug Essen und Trinken für alle auf der Welt gäbe? Andere – so wie wir zum Beispiel – haben einen vollen Kühlschrank und schmeißen Lebensmittel einfach weg, sobald zum Beispiel das Mindesthaltbarkeitsdatum abgelaufen ist oder wenn wir uns zu viel auf den Teller geschöpft haben.

Das ist extrem ungerecht, oder?

Bis 2030 wollen deshalb die Vereinten Nationen (das sind fast 200 Länder, die sich für den Frieden auf der Welt einsetzen wollen) dafür sorgen, dass es auf der Welt keine so extreme Armut mehr gibt. Noch ist nicht klar, ob sie dieses Ziel erreichen werden.

## IN DEUTSCHLAND IST DAS LEBEN ABER GERECHTER, ODER?

Zunächst mal gibt es in Deutschland keine ganz so große Armut wie in einigen anderen Ländern. Niemand muss hier hungern, denn es gibt ein Sozialhilfesystem, das dafür sorgt, dass auch Menschen mit sehr wenig Geld etwas zu essen bekommen, in die Schule gehen können, im Krankenhaus Hilfe bekommen und nicht auf der Straße leben müssen.

In unserem Grundgesetz steht außerdem, dass jeder Mensch die gleichen Grundrechte hat und alle gleich gut behandelt werden sollen.

Doch das Sozialsystem ist kompliziert, und obwohl im wichtigsten Gesetzbuch unseres Landes steht, dass alle gleich gute Chancen haben sollten, passiert es trotzdem immer wieder, dass Menschen diskriminiert werden.

## WAS BEDEUTET »DISKRIMINIERUNG«?

Wenn eine Gruppe von Menschen oder auch ein einzelner Mensch wegen bestimmter Eigenschaften oder Einstellungen benachteiligt, beleidigt oder abgewertet wird, nennt man das Diskriminierung.

# WER WIRD IN DEUTSCHLAND DISKRIMINIERT?

Überall auf der Welt und auch hier in Deutschland werden Menschen immer wieder wegen ihrer Hautfarbe, ihres Glaubens, ihres Geschlechts und vieler weiteren Dingen diskriminiert. Ein paar Beispiele:

Es ist Diskriminierung, wenn …

… einem muslimischen Kind in der Kita einfach Schweinefleisch gegeben wird, obwohl das im muslimischen Glauben gar nicht erlaubt ist.

… eine Frau weniger verdient als ihr männlicher Kollege, obwohl sie die gleiche Arbeit macht wie er.

… jemand beleidigt oder ausgelacht wird, weil er schwule oder lesbische Eltern hat oder sich selbst in einen Menschen des gleichen Geschlechts verliebt.

… Menschen mit dunkler Hautfarbe eher verdächtigt werden, dass sie etwas Unerlaubtes getan haben.

… der Mathelehrer sagt, dass Mädchen halt einfach kein Mathe verstehen.

… ein Rollstuhlfahrer keine Möglichkeit hat, ohne Hilfe in die S-Bahn zu steigen.

… ein Vermieter lieber keine Ausländer in seiner Wohnung haben möchte.

Hast du schon mal selbst Diskriminierung erlebt oder bei anderen bemerkt?

# RASSISMUS

Weiße Wissenschaftler teilten Menschen im 18. und 19. Jahrhundert je nach körperlichen Merkmalen in verschiedene »Rassen« ein und behaupteten, Weiße seien die höchste und allerbeste Rasse. Diese Einteilung benutzten viele Weiße als schreckliche und folgenschwere Ausrede, um Menschen abzuwerten, sie brutal auszubeuten, als Besitz zu erklären oder sogar zu töten. Obwohl man heute weiß, dass die biologische Einteilung von Menschen in Rassen falsch und unmöglich ist, ist Rassismus noch immer ein großes Thema. Heute versteht man darunter jede Abwertung, jede Beleidigung, jeden Angriff und jedes Vorurteil, das vor allem Weiße haben, wenn sie in ihren Köpfen bewusst oder unbewusst Menschen noch in Rassen einteilen.

## WAS DU TUN KANNST GEGEN RASSISMUS

1. **Schau nicht weg!** Wenn du bemerkst, dass jemand rassistisch behandelt oder beleidigt wird, steh ihm oder ihr bei. WICHTIG: Leg dich nicht alleine mit Stärkeren an, das kann gefährlich werden. Am besten holst du in einem solchen Fall Hilfe, wenn der oder die Betroffene einverstanden ist.

2. **Feiere die Vielfalt!** Wenn du Bilder malst, kannst du auf Vielfalt achten. Du könntest beim Ausmalen zum Beispiel verschiedene Hautfarben verwenden. Es gibt sogar richtige Hautfarben-Buntstifte-Sets.

3. **Lies dich schlau!** Es gibt sehr interessante Bücher und Beiträge in den sozialen Medien über Rassismus, auch für Kinder und Jugendliche.

4. **Respektiere Gefühle!** Wenn du selbst nicht von Rassismus betroffen bist, ist es immer besser, Betroffenen zuzuhören und ihre Gefühle zu respektieren, anstatt darüber zu diskutieren, wie sie sich fühlen sollten oder wie etwas »eigentlich« gemeint war.

5. **Finde das Verbindende!** Wenn du einen Menschen kennenlernst, konzentrier dich lieber erst einmal auf eure Gemeinsamkeiten anstatt auf die Unterschiede. Schwarze Menschen werden zum Beispiel sehr oft gefragt, woher sie kommen, weil man annimmt, dass sie aus einem fernen Land kommen. Du könntest stattdessen fragen, ob er oder sie auch gerne malt / Musik hört / ins Kino geht / Fußball spielt ... Ist doch auch viel wichtiger, oder?

6. **Sei dir bewusst, dass wir alle noch viel lernen müssen!** Wenn dir jemand sagt, dass du aus Versehen etwas Rassistisches gesagt oder getan hast, sei nicht sauer auf dich oder denjenigen, der es dir sagt. Wir lernen alle ständig dazu.

# WAS BEDEUTET ES EIGENTLICH, EIN MÄDCHEN ZU SEIN?

Als deine Oma klein war, hat sie ganz sicher sehr häufig einen ganz bestimmten Satz gehört:

Das gehört sich nicht für ein Mädchen!

Sie hörte ihn vermutlich immer, wenn sie sich dreckig machte, ein Lied pfiff, wild war, keine Ordnung hielt, Widerworte gab, sich im Schneidersitz hinsetzte oder zum Beispiel nicht genug im Haushalt half. Ein Mädchen zu sein, das bedeutete früher vor allem, unfrei zu sein und für das Glück der Männer und Kinder im Haus zu sorgen. Frag deine Oma ruhig mal. Du wirst bestimmt erstaunt sein, was sie dir erzählt!

Heute steht im Deutschen Grundgesetz, dass kein Mensch wegen seines Geschlechts benachteiligt und diskriminiert werden darf. Es soll also keinen großen Unterschied machen, ob ein Mensch männlich oder weiblich ist. Jeder Mensch soll die gleichen Chancen haben. Aber ist das auch wirklich so? Leider nein.

Ein paar Beispiele:

Frauen verdienen in Deutschland im Durchschnitt noch immer etwa 18 % weniger als Männer.

Mädchen und Frauen müssen jeden Monat Geld ausgeben für Tampons und Binden. In einigen anderen Ländern sind diese Artikel kostenlos.



Frauen arbeiten in Deutschland noch immer viel mehr im Haushalt und passen viel häufiger auf die Kinder auf als Männer. Dafür bekommen sie kein Geld. Solange das so ist, haben sie auch weniger Zeit, erfolgreich in ihrem Beruf zu arbeiten, und bekommen später auch viel weniger Rente.

# WIE SIEHT ES IN ANDEREN LÄNDERN MIT DER GLEICHBERECHTIGUNG AUS?

**Schule für alle?** Weltweit gehen viel mehr Jungs in die Schule als Mädchen. An einigen Orten der Welt dürfen Mädchen gar nicht dorthin.

**Kinderehen:** Jedes Jahr werden 12 Millionen Mädchen noch vor ihrem 18. Geburtstag einfach mit einem Mann verheiratet, in den sie meistens nicht verliebt sind und der oft viel älter ist. Das ist nicht nur furchtbar, sondern auch gefährlich. Denn wenn Mädchen schon in jungem Alter Babys bekommen (was dann oft passiert), dann kann das sogar das Leben von Mutter und Baby in Gefahr bringen.

**Das glaubst du nicht:** In Deutschland mussten Frauen noch bis vor etwa 60 Jahren ihren Mann fragen, ob sie etwas kaufen oder arbeiten gehen dürfen. In einigen Ländern der Welt ist das bis heute noch so.

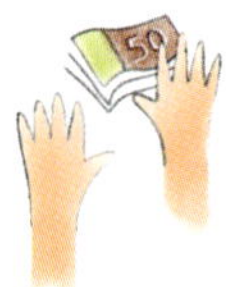

## IN KEINEM LAND SIND FRAUEN UND MÄNNER KOMPLETT GLEICHBERECHTIGT

Jedes Jahr wird vom Europäischen Institut für Gleichstellungsfragen untersucht, ob Frauen und Männer in den europäischen Ländern gleichberechtigt sind. Dafür verteilen sie Punkte. Wenn Frauen in einem Land genau gleich viele Rechte, Möglichkeiten und Chancen hätten, bekäme dieses Land genau 100 Punkte. Leider kam bisher aber sogar das beste Land (nämlich Schweden) auf nicht mehr als 84 Punkte. Noch trauriger ist, dass Deutschland noch immer erst bei knapp 69 Punkten liegt … Oh weia.

## GIBT ES NIRGENDS GLEICHBERECHTIGUNG?

Abgesehen von einigen wenigen Naturvölkern kannst du davon ausgehen, dass bisher nirgends auf der Welt Frauen und Männer komplett gleichberechtigt sind.

## FEMINISMUS – UNSERE ANTWORT AUF UNGERECHTIGKEIT

Du weißt jetzt eine Menge darüber, was Frauen in der Vergangenheit alles nicht durften, und auch, was noch immer nicht ganz so gleichberechtigt läuft. Doch das muss nicht so bleiben. Menschen, die sich dafür einsetzen, dass Frauen irgendwann ganz genauso viele Rechte, Chancen und Möglichkeiten haben wie Männer, nennt man Feministinnen und Feministen.

## KÖNNEN KINDER SCHON FEMINISTINNEN UND FEMINISTEN SEIN?

Aber klar doch! Im Grunde sind Kinder sogar von Geburt an Feministinnen und Feministen, denn sie haben einen großen Sinn für Gerechtigkeit. Dafür gibt es sogar Beweise: Im Internet kann man einen Videoclip mit einem Experiment ansehen, in dem jeweils ein Junge mit einem Mädchen zusammen etwas aufräumen soll. Beide bekommen eine Belohnung dafür, der Junge aber immer etwas mehr als das Mädchen (so wie auch oft Männer trotz gleicher Arbeit mehr verdienen als Frauen). Aber weißt du, was in diesem Experiment daraufhin passiert? Die Mädchen und Jungs sind total irritiert, und jeder dieser Jungs teilt gerecht mit dem Mädchen, mit dem er aufgeräumt hat. Du siehst, Kinder (auch Jungs!) sind eigentlich Feministinnen und Feministen. Sie müssten es nur bleiben …

**SCHON GEWUSST?**

Auch Männer können Feministen sein. Das sollten sie sogar! Du kannst ja deinen Vater oder deinen Opa, Onkel, Patenonkel usw. mal fragen, ob sie sich selbst als Feministen sehen. Das könnte ein sehr interessantes Gespräch werden …

Lass nicht zu, dass dir jemand sagt, dass du etwas als Mädchen nicht erreichen kannst. Du kannst!

DU kannst Alles, was du willst! Vertrau DIR!

## WIE DU DIE WELT SCHON JETZT BESSER MACHST

# Du bist wundervoll und wichtig! Vergiss das nie!

Du bist für jemanden die eine Freundin, die alles versteht.

Du bist für jemanden das Kind, das er und / oder sie sich sehnlichst gewünscht hat.

Du hast irgendwann mal etwas gesagt oder getan, was dir ein Mensch niemals in seinem Leben vergessen wird. Vielleicht hast du das nicht einmal bemerkt.

Dein Lachen hat schon oft jemandem den Tag gerettet!

Du hast irgendjemandem etwas Wichtiges beigebracht.

Jemand ist wahnsinnig stolz darauf, dir etwas beigebracht zu haben.

Es gibt niemanden auf der Welt, der genau so ist wie du!

Du weißt etwas, was niemand sonst weiß.

Du liebst jemanden von ganzem Herzen.

Irgendjemand wacht morgens auf und ist einfach nur froh, dass es dich gibt.

Jeder Mensch ist einzigartig und hat das Recht, mit Respekt und Würde behandelt zu werden. Deshalb ist es uns besonders wichtig, mit unseren Inhalten und unserer Wortwahl niemanden in seiner Würde zu verletzen oder auszuschließen. Andererseits ist uns bewusst, dass wir alle noch viel lernen müssen auf dem Weg zu einer toleranteren und vielfältigeren Gesellschaft.

Solltest du in diesem Buch über eine Formulierung, einen Abschnitt oder einen Satz stolpern, der dich oder andere verletzt, ausschließt oder diskriminiert, entschuldigen wir uns von Herzen. Bitte lass uns in diesem Fall wissen, was wir in Zukunft besser machen können, und hilf uns mit deiner konstruktiven Kritik, immer weiter zu wachsen.

Layout: Grafisches Atelier, arsEdition
Satz und Gestaltung: Lara Nelles (schere.style.papier), München
Covergestaltung: das verlagsatelier ROMY POHL
Zusätzliches Bildmaterial: stock.adobe.com: Arturaliev, atlantisfoto, lilett, Maryco, mgdrachal, Una; www.shutterstock.com: Elen Koss


ISBN 978-3-8458-5129-7

www.arsedition.de